群馬怪談
怨ノ城

戸神重明
編著

江連美幸
撞木
高橋幸良
堀内圭
吉田知絵美

竹書房
怪談
文庫

※本書に登場する人物名は、様々な事情を考慮して一部の例外を除きすべて仮名にしてあります。また、作中に登場する体験者の記憶と体験当時の世相を鑑み、極力当時の様相を再現するよう心がけています。現代においては若干耳慣れない言葉・表記が登場する場合がありますが、これらは差別・侮蔑を意図する考えに基づくものではありません。

まえがき

群馬県の歴史は、敗者と脇役の歴史である。

確かに、みどり市の岩宿遺跡《いわじゅくいせき》から、国内で初めて旧石器時代の遺物が出土したことは偉大な発見であった。けれども、その後、同じ時代の遺物が県外でも発掘されている。当時の人々は、ナウマンゾウやヤベオオツノジカなどの巨獣を追って移動する暮らしをしていた。したがって、岩宿に〈都〉のような大きな集落が存在したわけではなかった。

縄文時代の遺跡は県内各地に多いが、東北地方や中部地方のような文化の中心地や発信地だったわけではない。古墳時代になると巨大な古墳が盛んに造られており、その数は東日本では最多クラスである。もっとも、人気や知名度では近畿地方の古墳には敵わない。

上野三碑《こうずけさんぴ》の多胡碑《たごひ》に刻まれた文字によって、奈良時代には既に〈郡〉が存在したことが明らかになっている。それまでは〈毛人（体毛の多い人。縄文人の末裔？）が住む地〉の意味で、栃木県と一緒に毛野国《けぬくに》と呼ばれたり、分割して栃木県よりも大和国に近いことから上毛野国《かみつけのくに》と呼ばれたりしたこの地域が、上野国《こうずけのくに》と称されるようになったのも、この頃からとされている。

とはいえ、奈良、平安時代から鎌倉時代の後半に至るまで、上野国が全国的な歴史の表舞台に出てくることはほとんどなかった。唯一、鎌倉末期に登場する現太田市出身の御家人、新田義貞《にったよしさだ》は北条高時が腐敗政治を続けていた鎌倉幕府を滅ぼす大活躍を見せた。だが、足利尊氏との政争に敗れて非業の死を遂げている。

建武の新政がわずか二年余りで終わり、室町時代に入っても、上野国は目立たない。一四六七年に応仁の乱が起こると、足利将軍の権力は失われ、室町時代の後半は通称〈戦国時代〉と呼ばれる、群雄割拠《ぐんゆうかっきょ》の状態に突入する。各地に戦国大名が出現し、覇を競い合った時代だ。

しかし、この期間も上野国は一見すると、甚《いた》く地味である。

戦国時代の上野国は、関東管領《かんとうかんれい》の上杉憲政《うえすぎのりまさ》が現藤岡市の平井城を拠点としていた。関東管領とは、室町幕府から関東地方の統治を任された大名のことだが、上杉憲政は新たに台頭してきた北条氏康《ほうじょううじやす》（鎌倉幕府の北条氏とは無縁）との戦いに大敗すると、長尾景虎（のちの上杉謙信）を頼って越後国《えちごのくに》（現在の新潟県）へ逃げてしまった。それ以降、上野国は上杉謙信、武田信玄、北条氏康による戦場《いくさば》と化す。

そのため、大河ドラマの主人公になるようなヒーローやヒロインはいなかったのだが、国衆《くにしゅう》や国人《こくじん》と呼ばれた、大名よりも格下の地侍たちは、それぞれ城を構え、さまざまな戦略を練りながら臨機応変に戦っていた。この時代、どの大名に従うかで一族の命運が決まる。生き残るためには、『昨日の友は今日の敵』などは当然で、その逆もまた多かった。

彼らの生涯は極めて複雑である。しかも中には、徳川家康に大勝し、織田信長でさえ恐れたといわれる武田信玄の侵攻を都合六度も退けた、長野業政《ながのなりまさ》のような〈史上最強の国衆〉も存在していた。故《ゆえ》に、

「よく調べてみると、この時代は京都周辺の歴史よりも面白いかもしれませんよ」

と、語る方までいる。

ただし、本書は学術書ではないため、できるだけわかりやすく、エンターテインメントとして怪談と歴史の双方を楽しめる内容にまとめたことをお断りしておきたい。

なお、本書ではここから安土桃山時代、江戸時代を経て、明治時代、大正時代、そして昭和時代の戦中頃までに関連した話を〈歴史怪談〉として扱うことにした。逆に古くは縄文時代に関連した話も収録している。伝説に基づいた話もあれば、特定の人物ではなく、民俗を題材にした話もあり、バリエーションに富んだ本に仕上がっていると思う。

怪談好きな方にはもちろんのこと、歴史好きな方や群馬県に興味がある方にも、お楽しみいただければ幸いである。

片品村
川場村
沼田市
和村
みどり市
桐生市
桐生市
前橋市
伊勢崎市
太田市
村町
高崎市
邑楽町
館林市
板倉町
大泉町
千代田町
明和町

群馬県

群馬県では〈上毛《じょうもう》〉の旧名にちなんで、桐生市や太田市から東を〈東毛《とうもう》〉、前橋市、玉村町、伊勢崎市を〈中毛《ちゅうもう》〉、高崎市や藤岡市から西を〈西毛《せいもう》〉、渋川市や沼田市から北を〈北毛《ほくもう》〉と呼ぶ。県の形が三角形に近いためか、南毛と呼ぶ地域はない。北毛は面積が広いが、標高の高い土地が多く、平均気温が低いことから人口は少ない。2022年（令和四年）現在、191.5万人とされる人口の大半は東毛、中毛、西毛に集中している。

群馬県史

旧石器時代　紀元前　定住せずに巨獣を狩る、猟人の時代。（みどり市、岩宿遺跡）
縄文時代　紀元前　県下全域の高台を中心に、華やかな土器や土偶が作られる。
弥生時代　紀元前　土器は実用的かつ地味なものとなる。県内では後期に鉄器が伝来。
古墳時代　三五〇　最初の前方後円墳が造られる。以後、大きな古墳が増えてゆく。
五五〇　榛名山が大噴火し、集落が埋没する。（渋川市、黒井峯遺跡など）
奈良時代　七一一　多胡碑が造られ、〈羊〉の人名が刻まれる。（高崎市）
七五〇　上野国分寺が建立される。（高崎市と前橋市の中間地点）
平安時代　八一五　最澄が緑野寺を東国仏教の本拠地とする。（藤岡市）
一一〇八　浅間山の大噴火で大きな被害が発生する。（高崎市、大八木遺跡）
鎌倉時代　一二二一　新田義季（徳川義季）、新田荘の世良田に長楽寺を開く。（太田市）
一三三三　新田義貞、鎌倉幕府を攻め滅ぼすも、のちに足利尊氏に敗れる。
室町時代　一四六九　新田氏の末裔とされる岩松家純が金山城を築く。（太田市）
一五〇〇以後　長野業尚（業政、業盛の祖）が箕輪城を築く。（高崎市）
安土桃山時代　一五九八　箕輪城主、井伊直政が高崎城へ移封。箕輪城は廃城となる。

江戸時代
一六〇一　徳川氏の譜代家臣、酒井重忠が初代の厩橋藩主となる。
一六一四　徳川家康が大光院を建立し、呑龍上人を開山とする。（太田市）
一七八三　浅間山が大噴火し、大きな被害が発生する。（嬬恋村、鎌原遺跡）
一八六四　高崎藩と水戸天狗党による下仁田戦争。高崎藩の惨敗に終わる。

明治時代
一八六八　小栗忠順が群馬郡権田村（現高崎市倉渕町）で冤罪により、斬首。
一八七一　第一次群馬県が成立。東毛の一部は含まれず。県庁は高崎に設置。
一八七二　官営富岡製糸場が操業を開始。県庁が前橋に移転する。
一八七三　入間県と群馬県が合併し、熊谷県が成立。県庁が熊谷に移転する。
一八七六　第二次群馬県が成立、ほぼ現在の形になる。県庁が高崎に戻る。
一八八一　県庁が再び前橋に移転し、定着する。
一八八四　国鉄高崎線（上野―高崎）が開通する。

大正時代
一九一七　中島飛行機製作所が設立される。（太田市）

昭和時代
一九三一　清水トンネルが完成、国鉄上越線が全線開通する。（高崎―宮内）
一九四五　太平洋戦争末期。前橋、太田、伊勢崎などが空襲で被害を受ける。

参考資料　群馬県ホームページ　歴史　https://www.pref.gunma.jp/cate_list/ct00000087.html

目次

悲劇のヒーロー、新田義貞《にったよしさだ》

戸神重明

新田義貞の出生地は諸説あるが、身分の低い御家人だった若い頃に、現在の太田市とその周辺に広がる〈新田荘《にったのしょう》〉に居住していたことは確かである。

群馬県外のできごとながら、『太平記』は義貞に関する神秘的かつ怪談的なエピソードを幾つか描いている。鎌倉幕府を攻める際、周囲を海と険しい山に守られた鎌倉は、難攻不落の地であった。そこで義貞は稲村ヶ崎にて、龍神をはじめとする八部衆(異形の神々)に助力を祈念した。そして黄金造りの宝刀を海に投げ込むと、たちまち潮が引いて広い陸地が現れた。義貞の軍は一気呵成《いっきかせい》に鎌倉の中心部まで攻め込み、圧勝したという。

だが、その後、義貞は足利尊氏との政争に敗れ、北陸地方へ転戦、福井県で足利氏に与《くみ》する斯波《しば》高経《たかつね》の軍に急襲され、矢を額に受けて即死した。享年三十七。『太平記』は「もはやこれまで」と悟った義貞が愛刀で自らの首を切断し、敵に奪わせまいと、ぬかるんだ地面に深い穴を掘って首を埋めてから、その上に倒れた、と記している。

なお、義貞に関連した現代の実話怪談は、私の編共著『高崎怪談会　東国百鬼譚』(竹書房)に収録した、「新田義貞の呪《しゅ》」を御参照いただきたい。

高橋幸良《たかはしゆきよし》

香川県生まれ、高崎市在住。人形劇俳優。群馬県唯一のプロ人形劇団「やまねこ座人形劇工房」を主宰。第三十回ＪＯＭＯ童話賞最優秀賞受賞。幼児向けの仕事の傍ら、演劇と怪談語りを趣味としている。「高崎怪談会」の他、YouTube『恐怖デスクのおもてなし』では、怪談師〈やまねこおじさん〉として朗読を担当。また、語りと人形劇を組み合わせた作品『怪談K君の話』を模索中。不思議があれば、怖い話と楽しい話、どちらも好む。

毒島城《ぶすじまじょう》蛇体合戦記

奇妙な城であった。

沼の真ん中に島があり、その上に城がある。

沼は盆地の底になっており、山といっても丘程度にしか見えない低山に囲まれている。

島を上から見れば楕円形で、東西に百七十メートル、南北に百五十メートルの長さだ。

島の高さは沼の水面から約十メートル。その上に城が建っている。本曲輪《ほんぐるわ》と腰曲輪《こしぐるわ》だけからなる平城《ひらじろ》で、戸口（注）は一か所のみの脆弱な造りである。

沼という天然の堀に囲まれてはいるが、普通であれば山から見下ろされてしまう盆地に、城を築いたりはしない。沼自体もいわゆる湿地帯の沼であるから、それほど深いものではなく、天然の要害というにはほど遠い。これでは攻めてくれと言わんばかりの、はだか城同然である。島と陸地の間に橋は架けられていないので、行き来は小舟でしているのであろう。

それにしても、毒島城――刺激的な名前だ。

場所は上野国赤堀郷《あかぼりごう》である。現在の伊勢崎市西久保町にあたる。

この城をめぐって鎌倉時代に合戦があった。

当時の毒島城主、青木入道は赤堀付近を領有して勢威を振るっていた。隣接する赤石郷《あかいしごう》（現在の伊勢崎市）、赤石城には三浦河内守謙庭《みうらかわちのかみけんてい》という者がいて、国境《くにざかい》の争いが絶え間なく続いていた。

ある日、三浦謙庭は兵三千を率いて毒島城に攻めてきた。対する毒島城の兵は約百名。城攻めに必要とされる十倍どころか三十倍の兵力差だ。

「殿！　三浦勢約三千、轟山《とどろきやま》に布陣しております」

「ふん、来たか三浦め！　東の山から駆け下ってきて、一気にこの城を攻略するつもりじゃな。見え透いておる。わしが築いたこの毒島城、落とせるものなら落としてみよ！」

「いかがいたしまするか？」

「決まっておろう。石臼を持て。トリカブトをすり潰すのじゃ」

「はっ」

「よいか、一臼だけじゃぞ。すり潰すトリカブトは多すぎても少なすぎてもいかん」

「はっ」

青木入道は、石臼ですり潰したトリカブトの毒を城の東側の沼に撒いた。

すると、横揺れの地震でも起きたがごとく、城を乗せた島が揺れ動いた。

そのまま島は船のように動き出し、沼の西方面へ向かっていった。

轟山から一気に駆け下りてきた三浦勢は、沼の淵まで来て呆然とした。すぐ目の前に見えていたはずの毒島城が、いつの間にか沼の反対側、はるか向こうへ移動していたのだ。

射かけるはずだった弓矢は、あきらかに届くはずもない。なすすべなく三千の兵が沼の東側にひしめいている。

「全軍、西方、多田山《ただやま》へ回れ！」

三浦謙庭は、将兵を集めて全軍に下知《げち》をくだした。多田山から駆け下りれば、今や眼下に毒島城がある。多少は沼に入らねばならぬが、弓矢の届く距離であろうと見た。

はたして三浦勢は多田山から駆け下り、沼の中にまで入っていった。しかし、すでに城はそこにはなく、はるか遠方に移動していた。

城が自在に動き回っている。

城が——というより城を乗せた島が動いている。まるで生き物のように。そう、船というよりは生き物といった方が理解しやすい動きだ。東に西に、北に南に城の向きを変えず、そのままにして自在に動いている。

三浦勢は翻弄され、東へ西へと駆け回り、ついに日が暮れた。

「埒《らち》が明かぬ。明日は沼を泳いでも毒島城に行くぞ！」

三浦謙庭は、強引に沼を渡り、攻め入る方針を固め、各将兵にその旨《むね》伝え、その夜はしっかりと兵を休ませることにした。場所は最初に陣取った轟山である。

毒島城は、沼の中央から幾らか西へ行った辺りにとどまっていた。

充分な距離を取っているが、三浦勢の動きも察知できる絶妙の位置である。


さて、あくる朝、毒島城内は騒然としていた。

「殿！　三浦勢が沼を無理やりに渡って攻めてまいります。いかがいたしまするか？」

「うろたえるな。わざわざこの距離を攻めてくるとは、三浦め、策が尽きたな。よし、石臼をあと二つ、全部で三つ用意せよ。われらが守り神を起こすのじゃ！」

青木入道の家来たちは石臼を用意して、トリカブトをすり潰し、それを全て沼に撒いた。

三浦勢三千の兵は沼の中を突進していた。足の着く浅瀬ばかりではないので、泳いでいる者もいた。兵力は、はるかに上回っている。島が逃げるよりも早く、取りつくことさえできれば、必ず落城させられる。勝ちは目に見えている。

それでも、もたもたしていたら矢を射かけられるだろう。兵たちの幾人かは犠牲になるかもしれない。それが嫌で兵は皆、遮二無二突進している。早く事を終わらせたいのだ。

突然、水面が波打ち出した。三千の兵たちのすぐ正面、毒島城の前である。

兵たちが不思議に思って進行を止めると、一天にわかにかき曇り、沼は怒涛のごとく荒れ出した。兵の幾人かは荒れた波に捕まり、いつの間にかできた渦に飲み込まれていった。

その渦の中から大蛇が現れた。

三メートルに余る鎌首を水面にもたげている。胴回りは大人三人で手をつないで輪を作ったほどもあろうか。ぬめりとした鱗が光っている。その鱗が白い。美しい白。白蛇である。その巨大な白蛇の真っ赤な目が、怒りに満ちていた。

ゴオオオ！　と、口から音を立てて火を吹いた。

立ち泳ぎで水面に出ていた兵たちを、炎が薙《な》いでゆく。

――うわああ！　助けてくれー！

一気に最前列の兵が倒された。焼けただれた兵たちが水面に、ぷかりと浮いている。

一薙《ひとな》ぎで、これほどのことになるとは、ただの炎ではないのだろう。

そのあとに続く兵たちは、恐ろしさに我を忘れ、何とかして逃げ帰ろうとするが、後方には同じく今の光景を見て、うろたえる兵でひしめきあっている。

炎が唸りを上げながら兵たちを薙いでゆく。思うように逃げられない兵たちは、ただただ焼かれてゆくだけだった。逃げまどう兵たちの密集は、被害を拡大してゆく。

灼熱地獄だ。水の中に潜って難を逃れようとする者もいたが、何しろ人が多すぎて芋洗い状態で、うまくいかない。あれよあれよという間に、半数以上の兵が死んでしまっていた。

「なんじゃ、あれは！」

沼べりで、成り行きを見ていた三浦謙庭が驚愕の声を上げた。

竜という生き物がいるとすれば、このようなものであろうか。手足もなく、たてがみもなく、角も見当たらないが、その大きさと火を吹く姿は、伝説の竜以外には聞いたことがない。

将兵たちが「ひけー、ひけー！」と怒鳴りたてている。

あきらかな負けである。もう城攻めどころではない。生き残った兵と将兵、それに大将の三浦謙庭は、命からがら轟山へ駆け登り、逃げた。

大蛇は沼からは出ることなく、三浦勢が去ったのを見届けると、水の中に消えていった。

あとには夥《おびただ》しいばかりの死体が浮いていた。兵の七割は死に絶えたと見える。

「なんとかせねばならぬ」

三浦謙庭は考えていた。まだ城攻めをあきらめてはいない。しぶとい男である。

兵は残り九百。態勢をたてなおせば、まだ戦える。問題は、あの大蛇だ。吐き出す炎の威力は並々ならぬものがある。あびてしまったらお仕舞いだ。

だが、充分な距離を保てば届かぬと見た。兵を二手に分けて、片方が大蛇をひきつけている間に、逆方向から城を攻める。それが最善の策のように思える。

――いや待てよ。あれは、なんだったのだ？

三浦謙庭は大蛇が現れる前の、毒島城の者たちの動きを思い出していた。

妙な動きが見えた。物見の報告によると石臼の中身を沼に撒いていたということだ。

石臼が三つ。何を石臼で挽いたのか？　なぜそのあと大蛇が現れたのか？

考えたあげくひとつの、これしかないであろうという結論にいたった。

「毒だな！」

毒を撒き、刺激することで大蛇を操っている。そういえば、この辺りにはトリカブトが自生している。石臼ですり潰せば……。三浦謙庭はにやりと笑った。

毒を毒として使う。三浦謙庭の策はこれである。

石臼七つを用意して、大量のトリカブトをすり潰した。

夜になってから、三艘だけ用意できた小舟で城に近づき、毒を全て撒いた。

撒いてから急いで小舟は逃げた。毒が水に溶け込むより先に逃げ帰らねば、巻き添えをくらってしまう。

しばらくすると、水面が波立ち、大蛇が姿を現した。できる限り高く、水面から離れようと胴体をくねらせながらもがいている。

威嚇音《いかくおん》のシャーという音が崩れ、泣き声が混ざったようなシュウゥという音を発しながら狂おしく、胴体をくねらせている。時々虚空《こくう》に向かってボッと火を吐く。毒を飲んでしまったのだろう。火の色がどす黒い。のたうちながら大蛇は、西の多田山へ去っていった。

次に三浦勢は、沼の水を抜くための工事を行った。さすがにこれだけのトリカブトを撒いた沼には入れない。沼の南側の土手を切り崩した。水が抜けてみると、泥の沼となった。これが中々に泥が深く、容易に足を踏み入れられない。進軍できるものではないのだ。

そこで、近隣の民家から雨戸を強引に取り上げ、集めた。

その雨戸を泥の上に敷きならべながら、足場として歩いて兵を進めた。

──妙だ。城から攻撃してこない。しんとしている。

これだけの騒動を起こしているのだから、気がつかないなどということはありえない。

罠の予感。大蛇の他にも何か秘策があるというのか？

耳を澄ませてみた。

――やはり、しんとしている。気配がない。

生き物というものは何かしら気配を持つ。武将であれば、必ずと言ってよいほど、それを感じ取る。まして合戦時、五感は研ぎ澄まされている。

もはや生きた人の気配なしと断定した三浦謙庭は、自ら先頭に立ち、毒島城の中へ入っていった。豪胆な男である。

案の定、毒島城の中では、青木入道以下家臣のことごとくが死に絶えていた。

なぜ死んだのか？　自害した様子もなく、毒にやられたのでもない。

ただ、息途絶え、心臓が止まり、死んでいる。

いつ死んだのか？　――わからない。

守り神である大蛇の退散と共に死んだと考えるのが妥当であろう。

三浦謙庭は、こうして思わぬ形で勝利したが、沢山の兵を失ったことも事実である。

その後、毒島城がどうなったかは、よくわからない。

わずかに室町時代、天正年間に牧弾正《まきだんじょう》という武将が在城したことがわかっている。

一六〇〇年代に落城したとも伝えられている。

毒を作ったとされる石臼は、毒島城跡の北西に位置する吉沢峰《よしざわみね》に三つ、あるいは四つが残されていたという。これが昭和のある時期まで存在し、近隣の六十歳以上の人たちの記憶にあるそうだ。

それとは別に石臼のひとつが、個人宅で保管され、現存していた。平成三十年十月十七日に毒島城跡において毒臼供養が行われ、その後、赤堀歴史民俗資料館に寄贈された。

現在でも資料館玄関脇で実物を見ることができる。

（注）……〈戸口〉という表現は伊勢崎市教育委員会設置の毒島城跡現地案内板に書かれているものである。時代によっては〈虎口〉という。

上泉伊勢守《かみいずみいせのかみ》、三夜沢《みよさわ》幻想

永禄五年（一五六二年）のことである。のちに剣聖《けんせい》と謳われた上泉伊勢守は、赤城山麓、三夜沢（現前橋市）の赤城神社《あかぎじんじゃ》に籠もっていた。

昨年、上州を束ねる要ともいえる長野業正《ながのなりまさ》公が亡くなった。しばらくは喪を伏せ、その事実が外に知られぬよう秘密にしてきたが、長続きするものではない。必ず、もれる。そして必ず上州に侵攻してくる者があり、それは十中八九、甲斐の武田信玄であろう。ここのところの武田には上州侵攻について執念を感じる。

上泉伊勢守は長野家旗下の武将として、武田と戦うことを覚悟していた。

さらに言及するならば、その戦いで主家の長野家と共に滅びることを覚悟していた。業正公亡きあとの長野家当主は、現在十八歳の業盛《なりもり》（注一）である。まっすぐなよい青年だ。しかし、それでは勝てないのだ。これまで幾度も攻めてきた武田を、ことごとく打ちのめし、跳ね返してきたのは、業正の老獪な戦術、駆け引きがあってのことなのだ。

次の戦《いくさ》は負ける。あと七年、いや五年でいいので戦が先延ばしになるなら業盛も成長し、なんとかなるかもしれない。だが、武田は待たない。来年にも攻めてくるだろう。

上泉伊勢守は、その日そのときが、刻々と近づいていることを兵法の達人として、ひしひしと感じていた。死することに恐れはない。この戦乱の世において、死は常に隣り合わせだ。

ただひとつの未練は、新陰流《しんかげりゅう》を世に伝え広めることができなかったことだ。箕輪《みのわ》十六槍の一人として、上州のみならず甲斐や相模にもその名が知られる上泉伊勢守だが、大胡衆《おおごしゅう》を束ねる武将としての立場が、軽々しく上州の外へ出ることを許さない。

唯一と言ってよいわがままが、この赤城神社に籠もり、新陰流を完成させるための修行をすることだ。

このとき新陰流は、ほぼ完成していた。剣における理合いは、これまでのどのような流派にもない画期的なものになっている。あとは自身の中に神域を創り出すことだ。神域とは、多分に霊的なもので、合理的な解釈だけでは説明の及ばないものと言うしかない。

これまでの戦で、多くの人の命を奪ってきた。それは仕方のないことでもあった。戦なのだから……。だが、そのたびに重いものが纏《まと》わりついてくる。剣技の勝負で負け、命を落とすのは構わないが、精神をやられて自身によって滅びるのは避けたい。相手を殺すだけの殺人剣法も違うと思っている。精神を鍛え、剣禅一如《けんぜんいちにょ》（注二）を目指す。そのために籠もっている。赤城神社の空気を吸い、雰囲気を纏い、空間と同化しようとしている。

凛《りん》として静謐《せいひつ》。赤城神社が醸す空気は、本質的に上泉伊勢守のもつ性質と似ていた。神社の神域内には、魑魅魍魎《ちみもうりょう》や妖《あやかし》が、入ってこられない。自身の精神世界がこのようであればよいと願っている。境内にいる限りは同化できる。

問題はその外側だ。三夜沢の赤城神社を囲む森に蠢《うごめ》くものを感じる。

怨念、遺恨、邪気――あらゆる悪意に満ちている。

今、上泉伊勢守は一振りの抜身の真剣を携え、神社の神域から出てゆこうとしている。目に見えぬ壁、結界とも表現できるものを越えて、悪意渦巻く森の中へと入っていった。

甲冑姿の者が待ち受けていた。見たことのある姿だ。三年前の若田ケ原の戦いに参戦したときに出会った相手に見える。甲冑武者は何も持たぬ手で、まるで槍を持つかのような構えをとった。その手が前に押し出された瞬間に槍が現れた。何もなかった空間に突如として槍が現れたのだ。上泉伊勢守は、ごく自然に旋回して槍をかわす。転《まろばし》である。甲冑武者を袈裟懸けに斬る。――以前にもあった場面だ。そうして敵を倒した。

――以前は、である。

この甲冑武者は倒れない。斬った手ごたえもない。物理的実体のないものだからだ。では、この甲冑武者の槍に突かれても大丈夫であろうか？　実体のない甲冑武者が繰り出す実体のない槍のはず。その幻のようなものが身体を貫いたとしても、何事もないのではないだろうか。否《いな》。痛みや傷は自身の中で創り出してしまうだろう。

夢の中で怪我をして、醒めるとそれが現実になっていることがある。そういう話を聞いたことがある。また、自分が「病気だ、病気だ」と思い込むことで、本当に病気になるとも言われている。強い想念は、物理的な現実をも創り出してしまうのだ。

霊的現象との戦いほど不公平なものはない。こちらからは斬っても、斬っても、斬れない幻であるのに、その幻の刃に、こちらは傷つけられる。

かわすしかない。繰り出される槍を次々にかわしてゆく。手を出すことは無駄であるとわかった今、斬りつけて余計な体力を使いたくはない。かわしながらどうすればよいかを考えている。――やはり、心の持ちようの問題であろう。自分が倒した相手が恨みをいだいている。

それは間違いない。その恨みを自身が鏡のように映し取り、さらにそれを森の中の漆黒が、映し出している。――ああ、その目、覚えがある。猛りと怯え。生と死の境。合戦の極限状態に見せるその目。ほとんどの兵がその目をしている。

気づけば、その目に囲まれていた。森のあちこちに目がある。自分が倒した全ての敵の目であることは確かだ。そのほとんどの目の後ろに悲しみを湛えた女や子供が見える。すすり泣いている。命を奪うということは、そういうことであるとわかってはいるが、映像として見、音声として聞くのは堪《こた》える。

どうすればよいというのだ？　合戦のない世があればいいのだが、歴史をたどってみても、そのようなことがあったためしがない。いや、短い期間でならあったのかもしれない。人が人と交わり、家族をつくり、村をつくり、国をつくる。どの段階においても諍《いさか》いが起こる。誰もが幸せであるために富を求めて争う。他人の不幸が己《おのれ》の幸せに通じている。この世は修羅の世界だ。

上泉伊勢守は、そこまで思いを巡らし刀を捨てた。

斬っても斬れぬ霊に対して刀は無意味だが、その合理性からだけでなく別のことを考えている。斬らずにすむ方法だ。斬るための道具、刀を手放してみて、見えてくるものはあるのか？　甲冑武者の槍をかわしながら、思い至ったのは相手の武器もなくしてしまうことであった。斬ることもできず、組み伏すこともできぬ相手だが、この槍はどうだ。まるで実体があるかのようではないか。この槍を取り上げれば、この甲冑武者はどうなるのか？

一瞬のひらめきであった。シュッと槍先が、胸元に届いた瞬間、柄を素手でつかんだ。

堅い棒の感触があった。そのまま体を旋回させながら槍を奪い取った。甲冑武者は両腕をだらりと下げ、動かなくなり、闇に溶けるように消えていった。いつの間にか奪い取ったはずの槍も消えていた。

甲冑武者と交代に、刀を持った血まみれの男が現れた。足軽雑兵として戦場に出ていたものであろう。それが一人ではない。十人はいる。――囲まれた。

「ううっ、ううっ、ううう……」

泣いている。この足軽たちも泣いている。彼らの後ろにいる女たちも泣いている。

三夜沢の森の中に、誰のものともつかぬ泣き声が幾重にも重なり、こだましている。

足軽たちが迫り、刀を振るってきた。ゆるやかに旋回し、かわしながら相手の刀を取る。

取られた足軽が消えてゆく。取った刀も消えてゆく。それを全ての相手に対して行う。

――舞のようである。傍《はた》から見れば、上泉伊勢守が森の中で、舞を舞っているとしか見えないであろう。いや、実際には漆黒の闇の中、何も見えないであろう。

全ての敵が消えたとき、修行が終わった。

敵の武器を素手で取り上げる。無刀取り――これがなせれば敵の戦意はなくなり、いつか戦のない世が訪れるのではないか？　斬って勝つことだけが勝負ではない。相手を断って殺してしまっても、その後ろには恨みを抱いてしまう者たちがいる。それがある限り、戦の連鎖は永遠に続くのだ。連鎖を断ち切るための剣法が、やっと見えた。

翌年、予想通りに武田が侵攻し長野氏の居城、箕輪城が陥落した。

上泉伊勢守は、その武勇、人物を高く買われ、武田への士官を迫られたが、これを固辞して他家へ士官せぬことを条件に新陰流弘流《ぐりゅう》の旅へ出ることを許された。

その後は、北畠具教《きたばたけとものり》を通じて宝蔵院胤栄《ほうぞういんいんえい》、柳生宗巌《やぎゅうむねよし》という新陰流普及のためにはこの上ない出会いを果たし、さらに将軍足利義輝の前での上覧演武を果たした。まさに新陰流が天下のひのき舞台に躍り出て、日本一の剣法として名実ともに認められたのである。

柳生に伝えられた新陰流は柳生新陰流として普及発展し、現代にも伝わっている。


さて、現在この赤城神社の境内には上泉伊勢守の木像が置かれている。平成三十年に上泉伊勢守顕彰会によって設置されたものである。伝説どおりここに籠もって修行したのであろうことを、改めて実感させられる。まさに神域、聖域を感じさせる場所だ。

しかしこの三夜沢赤城神社には、神域としての姿と裏腹に、失踪事件という陰の部分がつきまとう。それが、よく知られているだけで三件ある。大正時代に若い娘が、昭和の第二次大戦期に老夫婦が、そして平成に中年の主婦が失踪している。未解決事件だ。

神隠しではないかとも言われている。


もうひとつ、大胡から三夜沢へ向かう川沿いの道に、白い着物の女性の幽霊が出るという噂があった。筆者は学生時代、友人と二人でわざわざ夜中にその道をドライブしてみた。残念ながらと言うべきか、幸いにと言うべきか、幽霊には出会えなかった。

最近になってそのときの友人に、

「あそこに幽霊が出るって噂で確かめに行ったことあるよなあ、懐かしいなあ」

と、語ったところ、その友人は、

「今でも出るんだってよ。俺、仕事でよくあそこ通るんだ。まだ出会ってないけどね」

出会うなら上泉伊勢守の霊に出会い、一手ご教授願いたいと思う今日この頃である。

（注一）……長野業盛の年齢は『箕輪戦記』記載の十九歳没年説を採用している。他に二十三歳没年説もある。また、箕輪落城年も『箕輪軍記』などを元にした通説の永禄六年説を採用している。近年の研究では永禄九年が落城年ともいわれている。

（注二）……剣の道における究極の境地は、禅に通じる無双無念と同一である、とする考え方。

前橋城の長壁姫《おさかべひめ》

「とものり殿、とものり殿」

枕元でかすかに聞こえる女の声に、松平朝矩《とものり》は目を覚ました。

「だれだ？」と声のする方を見ると、闇の中にぼんやりと人の姿が見える。

目を凝らすとそこには十二単衣の女が立っている。

歳は三十歳くらいであろうか、妖しくも美しく、高貴ただよう女である。

「とものり殿、わらわを川越へ連れて行ってくだされ」

「何？　川越へ——そちは何者じゃ？」

「この三の丸から川越へ連れて行ってくだされ」

「——そうか、そちは長壁姫じゃな！」

長壁姫と言えば姫路城の天主閣に巣くう妖怪として、また守り神として有名だ。

ところが寛延二年（一七四九年）のお国替えで前橋城に移されていた。

前橋藩主だった酒井忠恭《ただずみ》が転封で播磨国姫路へ行き、入れ替わって姫路から松平朝矩が藩主となり、入ってきた。

その際に姫路城から長壁神社も分霊、遷座《せんざ》されたのである。ただし前橋城では天主閣ではなく、裏鬼門にあたる三の丸に祀《まつ》られた。長壁姫はこれを恨んでいた。

さて、明和四年（一七六七年）の利根川浸食による被害で、前橋城を放棄し、川越城へ移ることが決まった。前橋城は廃城となり、また前橋藩自体がなくなり、川越藩の分領となることが決まっていた。

「そちはこの城の守り神であろう。それなのに利根川の氾濫から城を守れなかったではないか。それも一度や二度ではないぞ。余が前橋に来てから大きな水害が三度も起きている。そちの力では利根川に勝てぬと見える」

朝矩は、かつては〈長壁様〉を敬っていたが、いっこうに霊力を示さず、川の氾濫に身を任せ、城が水浸しになってしまうことに辟易《へきえき》していた。敬うべき守り神に向かって半ば侮蔑を含んだ言葉を浴びせた。

「ふふっ、うふふ」と長壁姫が妖しく笑う。

「何を笑う」

「利根川にわらわが敵わぬと仰せになるか」

「事実、敵わなかったではないか」

「殿が越してきてからの三度の水害、誰が起こしたと思うておるのか」

「何？　もしやそちが起こしたとでも」

「わらわが来るまでの水害はお虎姫の祟りなれど、ともの
り殿へは祟ることができなんだ。そこでわらわが祟りを引き継いだのじゃ。わらわを三の丸にとどめた殿に仕置きをせんと利根川を氾濫させたまでのこと」

お虎姫とは、まだ前橋城が厩橋城《まやばしじょう》と呼ばれていた頃の城主、酒井忠清が鷹狩に出かけた際に見初めた美しい娘のことである。城に召し出され、忠清から寵愛を受けたが、そのことで奥女中たちに嫉妬され、罠にかけられてしまった。

奥女中たちの讒言《ざんげん》で茶碗飯に針を入れたのが、お虎姫だと信じ込んだ忠清は、お虎姫を蛇やムカデの入った箱に押し込め、利根川へ沈めてしまったのである。

その際、お虎姫は「七代まで祟ってやる」と言い残したという。

それ以降、毎年利根川の氾濫に苦しめられ、松平朝矩でちょうど七代目の城主となる。

長壁姫の言う「とものり殿へは祟ることができなんだ」とは、城主が酒井家から松平家に代わってしまい、お虎姫の祟りが成就できなかったと言っているのである。

「何ということ。到底守り神とは言えぬ行い！」

「――守り神とは言えぬ行い」

長壁姫の目に憤怒の光がともった。

「何をぬかすかああ！」

長壁姫は突然粗野な言葉を発した。その声もそれまでの高貴な婦人のものとは違い、野太い男のものとなっていた。そして、見る見るうちに大入道に姿を変えた。

「天守閣じゃ！　わらわが本来住まいするは天主閣しかありえぬ。天主閣にありてこそ城を守れるというもの。それを己《おのれ》は」

ギリギリと歯ぎしりする音を立てながら、肩を上下させている。緑色の肌で三つ目があり、さかしまに牙の生えた大入道のその顔は、とても長壁姫と同じものとは思われない。

朝矩は声を失って硬直したまま大入道を見上げた。

「食い殺してくれようか、踏みつぶしてくれようか、引き裂いてくれようか」

朝矩はこわばった顔で大入道を見上げながらも声を張り上げた。

「なるほど、われらが守り神に対して失礼なことをいたしたようじゃ。だが長壁姫よ、誰もよりつかぬ天守閣におっては寂しかろうと思うてのいたしようだったのじゃ。三の丸にあれば、余も日々拝むことができると思うてのことなのじゃ」

大入道の息遣いが、ぴたりと止まった。朝矩を凝視したまま黙っている。

朝矩は枕元の刀に手をのばそうともせず、じっと大入道を見上げている。まだ若者としての清々《すがすが》しさを残す三十歳の男の真摯な眼差しが、大入道の三つの目を射貫いていた。

緊張と静寂。

ややあって、大入道は再び肩を上下させながら荒い息遣いを始めた。ギョロリギョロリと焦点を移動させながらも朝矩を睨みつけてくる。

「憎いやつよ、憎いやつよ。お前などと共にわらわをこの三の丸に住まわせるとは」

怒りと困惑。

憎いと言いつつ、その言葉の響きにはどこか憂いのようなものが含まれていた。

「憎ければ余を食い殺せ。家臣や民が困るような祟りは起こさないでくれ」

大入道はのぞき込むように背を丸め、その顔を朝矩の顔まで近づけてきた。大入道そのものが憎悪と憤怒の顔である。憂いと思ったのは錯覚であったのだろうか。

朝矩は覚悟を決めたように目を閉じた。そのとたん「ふううう」と大入道が息を吹きかけた。風圧で朝矩は飛ばされ、壁のところまで転がった。

「憎いやつよ、憎いやつよ」

大入道になってからは男の太い声で聞こえていたが、徐々に女の声に変わっていく。

「憎いやつよ……」

それに伴って徐々に元の長壁姫の姿に戻っていく。戻りつつ、言葉に含まれる憂いが増していく。愛憎入り乱れ、

「──かわごえへ」

完全に元の長壁姫の姿になり、か細い声が聞こえてきた。

「わらわを川越へ連れて行ってくだされ」

その声は哀願するかのようで、とても憎しみを持った相手に対するものではなかった。

「川越へ連れて行ってくだされ……ともの り殿」

消え入るような声と共に長壁姫の姿も闇に溶けていった。

遠くで、こやーんと狐の一鳴きが聞こえた。


松平朝矩は長壁神社を川越城に遷座しなかった。

朝矩の父、明矩《あきのり》は〈長壁様〉をあつく敬い、京都の公家、吉田家に願い出て正一位の神階を取得したこともあった。

朝矩も父の信心を受け継ぎ、あつく敬ってきた。

しかし、川越転封時の朝矩には、〈長壁様〉が守り神であるのか、人にあだなす妖怪であるのかわからなくなっていた。

「川越へ連れて行ってくだされ」と言った長壁姫の声に、寂しさや哀感を感じてはいたが、一国の領主として民にあだなすかもしれぬものを連れて行くことはできなかった。

朝矩の城替えのあと、前橋に住む人々の夢の中に長壁姫が現れ、「川越へ行きたい、川越へ行きたい、川越へ行きたい」と言い続けた。

いつ頃までそれが続いたのか記録はないが、前橋中の人々の夢に現れたことに執念、執着を感じる。ただその姿が大入道でなかったことに、筆者はわずかな安心を覚えた。子供の夢に大入道が現れたのでは、発狂してしまうだろう。

もうひとつ、川越城に移った朝矩は翌年、三十一歳の若さで亡くなっている。長壁姫の祟りだと言われているが……。果たしてそうだったのだろうか。案外、泉鏡花の『天主物語』に描かれる富姫《とみひめ》（天主夫人、つまり長壁姫）が姫川図書之助《ひめかわずしょのすけ》に恋したごとく、恋する姫君だったのかもしれない。

それよりのちに長壁姫としての伝説はないが、〈長壁様〉は霊威ある神として顕現《けんげん》し、多くの人々から信仰されている。

一方で利根川に注目すると、明治になってからも度々氾濫を起こしている。

明治政府は、利根川沿いの崖淵にある〈長壁様〉の祠を、前橋東照宮の本殿へ遷座せよと指示した。明治三十一年のことである。

それを機に利根川の氾濫がなくなったとも言われている。

現在も群馬県庁の裏手、利根川沿いに長壁神社が残っているが、これは遷座する前の〈長壁様〉が祀られていた祠の場所である。

祠のすぐ裏には、お稲荷様が祀られている。これは〈長壁様〉の正体が〈長壁狐〉とされる通説と関係があるのかもしれない。

平成十年の出来事だが、この祠の場所をある民間企業が取得して、開発事業を行おうとしたとき、利根川は増水し、河川敷に駐車していた車が流されてしまった。

流された車の台数は八十五台と当時の新聞に書かれている。

これは台風五号による増水だが、地元住民は〈長壁様〉の祟りも懸念した。

その後、地元住民の説得もあり、企業は祠には手をつけずそのままになっている。

ふたつの夜泣き地蔵

夜泣き地蔵は全国にある。その中で、群馬にあるふたつの夜泣き地蔵について話したい。

まずは伊勢崎市戸谷塚町《いせさきしとやづかちょう》の真ん中辺り、集落の中の小さな広場に祀られた夜泣き地蔵の話。

天明三年（一七八三年）八月五日午前十一時頃、浅間山の大噴火がおこった。火口から噴出した溶岩流と泥流は、嬬恋村鎌原《つまごいむらかんばら》の部落を埋没させて、四百七十七人の人たちと百六十五頭の牛馬を飲み込み、吾妻川《あがつまがわ》に流入、さらに泥流は吾妻川沿岸の村々を襲い、利根川に合流し、被害を広げていった。

人が、牛が、馬が泥の中を流されてゆく。その日の夕方には、流れに飲み込まれた人の数は千四百人に膨れ上がっていた。うち半数、七百人ほどの遺体が戸谷塚に流れ着いた。

当時の戸谷塚の人たち総出で、泥の中からその人たちの遺体を捜し、掘り出した。溶岩流にやられた人々の遺体は焼けただれ、男女の見分けもつかなかったという。数日かけて掘り出した遺体を七分川《しちぶがわ》の河原の一ヶ所に集め、埋めて弔った。

さて、埋葬の終わったその夜のこと。

「おとう、あれなんだろ？」

「あれ？　あれって？」

「あっちから聞こえる」

「あっち？　河原の方でねえか……」

「おとう、河原の方からなんか聞こえる。誰か泣いてるよ。ほら、しくしくしくしくって」

「――泣いてる――何言ってる。気のせいだんべ。早く寝ろ！」

「おかあ！」

「気のせいだよ。はい、寝ようね。母ちゃんが一緒に寝てやるよ」

埋めて弔ったはずの遺体が、河原で泣いている。突然の災害で死んだ人々は死んだことを受け入れられず、成仏できずに地縛霊《じばくれい》になることが多い。

七百体の遺体は夜になると河原で泣いていた。

うめき声や「助けてぇー」という声もはっきりと聞こえてくる。

もちろん、それは子供だけに聞こえているものではない。戸谷塚の人たちの大多数がその泣き声を聞いていた。

「聞いたか？　ゆんべも泣いてたなあ」

「おらんちの子供は怖がって、つられて泣き始めてな。子供の泣き声か、あちらさんの泣き声なんかわからなくなっちまってよ。それが朝まで続いてよう」

「おらは、だれかがいたずらしてるんじゃねえかと思ってよ。河原の近くまで見に行ったんさ。そしたら、ドロドロの泥人形みたいな人影がさあ、河原の埋めた辺りからはえ出てて、もう何百となくひしめいて、それが全部泣いてるんよ。血の涙流してよ」

「やっぱり辛くて苦しかったんだんべなあ。供養してやらなきゃあなんねえな」

戸谷塚の人たちは皆でお金を出し合い、お地蔵様を建てて供養することにした。

翌年十一月四日、お地蔵様と供養塔が出来上がり、念仏をとなえてしっかりと供養することができた。それを機に、泣き声はしなくなった。

一年以上も夜泣きに悩まされ続け、被災した人たちの苦しみを受け止めてきたが、やっと眠れる夜がやってきた。

それは戸谷塚の人たちばかりでなく、被災した人たちにも言えることだろう。

ああ、ありがたや、地蔵尊。

だれ言うとなく、このお地蔵様は〈夜泣き地蔵〉と呼ばれるようになった。

亡霊が夜に泣かなくなったので、〈夜泣かない地蔵〉からの〈夜泣き地蔵〉である。

もうひとつは、安中市松井田町五料《あんなかしまついだまちごりょう》の旧中山道沿い、丸山坂にひっそりと佇む夜泣き地蔵の話。

このお地蔵様が建てられたのは享保年間（一七一六年―一七三六年）のことらしい。

その頃の松井田藩の悪政に対し、下増田の名主、潮藤左衛門《うしおとうざえもん》は百姓の庄三郎を連れて幕府に直訴した。しかし捕らえられて九十九川《つくもがわ》の河原で斬首となった。

二人の供養として村人たちによって建てられたのが、このお地蔵様であると上州の伝説は伝えている。

さて、話はお地蔵様が建てられた後のこと。はっきりとした年月はわからない。

ある日、中山道を一人の馬子《まご》が馬に荷物を積んで武州を目指して旅していた。

丸山坂にさしかかったとき、

「どうも荷物の具合が悪い。ぐらぐらするぞ。重しでもなきゃこれ以上先に行けねえぞ」

馬に取りつけてある積み荷の釣り合いが悪く、どうしたものかと思案しながら道端のお地蔵様に目がとまった。

「お地蔵様なら困ってる人を助けてくれるんだべな」と、何気なくつぶやいた。

するとお地蔵様の頭がぐらぐらっと揺れ始めた。

積み荷がぐらぐらっと揺れるのと同じ具合に揺れている。

えっ、と思う間に頭がとれてゴロリと転がり落ちた。

まるでお地蔵様が斬首されたかのような光景だ。

もしもこの馬子が、お地蔵様のいわれを知っていたら怖くもなったであろうが、幸いというか知らなかった。

「ああ、こりゃちょうどいい」ということで、馬子はお地蔵様の頭を重しに使い、片荷ふせぎにして釣り合いをとった。

そうして無事に武州深谷宿《ぶしゅうふかやじゅく》まで積み荷を届けることができた。

ところが、こともあろうにこの馬子は、世話になったお地蔵様の頭を利根川の河原にポイと捨ててしまった。

「荷物がねえからもう用はねえ」と勝手なことを言って、馬子はそのまま去ってしまった。

その日の夜からそれは始まった。

「おとう、あれなんだ?」

「あれ? あれって?」

「あっちから聞こえる」

「あっち? 河原の方でねえか……」

「おとう、河原の方からなんか聞こえる。誰か泣いてるよ。ほら、しくしくしくって」

「――泣いてる――何言ってる。気のせいだんべ。早く寝ろ！」

「おかあ！」

「気のせいだよ。はい、寝ようね。母ちゃんが一緒に寝てやるよ」

河原に捨てられたお地蔵様の頭が泣いていた。

深谷宿の利根川付近の住人たちは、毎夜この泣き声を聞いた。しくしくとすすり泣くような声だ。それはそれは悲しそうな声で泣いている。もちろん泣くのは夜だけで、昼間は慈悲深いお地蔵様の顔をして空を見上げて転がっている。住人たちは恐ろしくて河原に近寄れなくなった。子供たちも、昼間でも河原で遊ばなくなった。

「聞いたか？　ゆんべも泣いてたなあ」

「おらんちの子供は怖がって、つられて泣き始めてな。それが朝まで続いてよ」

「ありゃ、なんの泣き声だんべなあ？」

「河原にお地蔵様の頭がひとつ転がってるらしい。それが泣いてるって噂だべ」

「お地蔵様ってか？　……なんぞわけがあるんかのう。おら今夜にでも見てくるかのう」

というわけで、ある日の夜、一人のじいさまが思い切って河原に様子を見に行った。

提灯さげてしくしくと声のする方を目指して、恐る恐る河原を歩いていると、上を向いたお地蔵様の頭が涙を流して泣いているのが見えた。

「おお！　お地蔵様、何でそんな悲しそうに泣いておるんでございましょうか？」

じいさまが訊ねるとお地蔵様の頭は、

「五料に帰りたい。五料に帰りたい」

と言って、またしくしくと泣いている。

「五料？　五料っていうのはどこの五料で？」

「松井田に帰りたい。松井田に帰りたい」

それでじいさまはこのお地蔵様が上州の松井田五料に帰りたがっているのだと理解した。

じいさまはそのお地蔵様の頭を大事に持ち帰り、次の日には旅支度をしてお地蔵様の頭を持って松井田を目指した。途中の宿では夜になると、その頭が泣き出す始末。

「うるせえぞ！」と他の宿泊客に叱られるので、じいさまは、

「お地蔵様、もう少しの辛抱でごぜえます。五料へお返しいたしますんで」

するとお地蔵様の頭は、しくしく泣くのをやめて、

「ありがたや、うれしい、うれしくて……五料」と言って静かになった。

お地蔵様の頭は無事、元の松井田五料の丸山坂に返された。

これが自ら夜泣きをして帰ってきた〈夜泣き地蔵〉の話である。

前橋松並木付近のアレ

前橋市の天川大島《あまがわおおしま》には心霊スポットとしても有名な松並木がある。

江戸時代、前橋藩の罪人処刑場が付近にあったということで、供養塔も建っている。

この供養塔は天保十二年建立と裏面に彫られている。

天保と言えば大飢饉が思い起こされる。飢饉は天保四年から始まり、十年まで続いた。

その間、さまざまな犯罪があったろうと想像できる。特に民衆は困窮を極めていたから、金持ちの家への打ち壊しなども行われただろう。そして罪に問われ、極刑となった。

天保年間は死罪となった民が多かったと推測される。わざわざ供養塔を建てたのは、そんな理由から、二度と飢饉が起こらぬようにとの願いも込められているのではないか。

松並木は見事なもので、伊勢崎方面から引き回されてきた罪人が、処刑場に入る手前で振り返り、その美しさと己の運命に涙したという。別名見返りの松というらしい。

また、一説には処刑した人の数だけ松が植えられているともいう。

ただ筆者にはそれを証明する資料を見つけられなかった。

処刑者数については、調べればある程度までわかる。

例えば、松平氏が川越藩前橋領として治めていた間の、庶民の処刑者数は八十六人と前橋市史に記載がある。

残された資料にある処刑者数と、松の数を照らし合わせようとする人もいたようだが、松は枯れたり、植え替えもあったりと変遷があり、現在のものでは、たとえ説が正しくとも一致することはないだろう。


筆者の娘夫婦が結婚当初、前橋市内に住むためアパートを探していた。

松並木付近にある三階建てのアパートも候補のひとつだったという。

少し黒っぽい外装で陰気な印象はあるが、２ＬＤＫで設備も整っていて幹線道路が近く、必要な店も歩いて行ける距離と、立地条件がよい。

何より家賃が安い。不動産屋さんに頼み、夫婦で内見させてもらうことにした。

「一階でいいですか？　と言うより一階がいいですよ」

おかしなことを言う不動産屋さんだった。

「上の階も空いてるんですか？」と娘が訊くと、

「まあ空きはありますが……お勧めできません。ここら辺は車の通りが激しいでしょ。埃が舞い上がるんですよ。一階の方が害は少ないですよ」

そう言えば、二階三階の部屋のベランダには黒っぽい網がかかっている。部屋のサッシのところにも網戸はあるが、それとは別にベランダ全体を覆っているのだ。虫除けかと思っていたが、粉塵除《ふんじんよ》けなのかもしれない。

不動産屋さんは上の階に案内する気がなさそうなので、仕方なく空いている一階の部屋の中を見せてもらった。資料で見た通り設備は整っていて、きれいな部屋だ。

これだけの部屋であの家賃とは、かなりお買い得な物件と言える。

が、娘は何か嫌なものを感じたという。

緊張感のような、圧迫感のような……嫌悪感がするのだ。

娘の夫も同じようなものを感じたという。一階のベランダには網はかかっていなかったが、すぐ外側が塀になっていた。横板張りの塀である。

娘の夫が視線を感じて、そちらを見ると板の隙間に人の目が見えた。

隙間の多い板張りで、見えてもいいはずなのに、人の身体が確認できない。

目だけなので、歳も性別も判断がつかない。瞼と眼球だけでこちらを見ている。まばたきもせずに……。

ぞっとした。

瞼がかすかに下に動いて、その目が笑った。目だけで笑った。

「もういいや、帰ろう」と娘の夫が言った。

「そうですか。それでは、帰ってからよろしくご検討くださいね」と不動産屋さんもさっさと内見を終了させようとする。

娘夫婦が外へ出たのを見極めると、そそくさと部屋の鍵を閉めて、一人先に車で帰ってしまった。唖然として不動産屋さんを見送った二人だった。

先に口をきいたのは娘の方だ。

「あんな、先に帰っちゃう不動産屋っている？」

「なんか変な不動産屋だったよな。部屋の中の説明もしてくんなかったし」

不動産屋さんに対する不信感を話し合ってるとき、ふいに声をかけられた。

「ここに住むんかい？」

二階へ上る階段の途中に七十過ぎと思われるおじいさんが立っていた。

「まだ決めたわけじゃないんですけど、結構家賃が安かったんで、候補なんです。いろいろあたってるところです」と、夫が答えてくれた。

「ふーん、でも一階は」と、おじいさんは言いかけて言葉を止めた。

娘が気になって、

「一階は……何ですか？」と訊ねると、おじいさんは、ふっと声を出さずに笑って、

「つまんねえよ」

――つまんねえってどういうことだろう？　アパート選びで大切なのは便利かどうかということだけだと思っていたが、もしかして外の景色のことを言ってるんだろうか？

確かに一階からだとせっかくの松並木がまるで見えない。

「おじさんは上の階に住んでるんですか？」

見るからにおじいさんだったが、おじさんと呼ぶのが礼儀だろうと考えた上で、娘が訊ねた。

「二階さあ。二階が一番おもしれえんだ」

「一番？　三階の方がよく見えるんじゃないですか、松並木？」

「三階もちったあ、おもしれえんだが、二階ほどじゃあないやいね。まして一階なんか飛んできやしねえからな」

――話が噛み合わない。

「飛んでこないって、えーと……埃ですか。車の上げる……」

「はあ、何言ってんだ。ソレじゃねえよ。アレだよアレ」

「アレ？」

「アレだよ。他になんて言えばいいんだい？」

「さあ？」

夫婦で返答に困ってしまった。完全に会話がちぐはぐになっている。ボケているとも思えないが、年寄りにありがちな思い込みと指示代名詞だけの会話に近づいている。

「たまにな、アレが飛んできて網にかかることがあるんさ」

どうやら何かの虫の話のようだ。

「一階にゃあ網がなかったろ。飛んでこねえからな。二階くらいの高さが一番来るんさ」

面白いと言っているからには、蚊やハエなどの害虫ではなくて、カブトムシなどの人気がある昆虫なのだろうと想像できた。

「でも、なんでベランダの外を覆ってるんですか？　網戸だけで十分じゃないんですか？」

夫が気になっていた点を質問した。

「網戸じゃアレがすり抜けちまうからな」

意外な答が返ってきた。すり抜ける――ベランダの網の目も網戸の目も同じくらいの大きさに見えるが、細かいのだろうか？

「それにベランダの網は、お寺でアレしてもらった特別なアレだよ。そんじょそこらの網じゃ幾ら目が細かくったってすり抜けちまわい。昔は壁だってすり抜けたって言うしな」

また話がわからなくなってきた。お寺でアレ？　壁をすり抜ける虫なんているのか？

「アレが飛ぶのは真夜中さあね。目鼻がちゃんとしてるものもあるけんど、原型をとどめねえもんもあるんさ。そりゃあ百年以上たってるといろいろだ」

いやいや、百年以上生きてる虫なんているわけない。いや、いるのか？

「おれはね、一匹だけ捕まえたけどね。髪の毛が網に絡まってたんで、そのまんま塩の入った甕《かめ》に入れといたんだ。ちゃんと目鼻のあるりっぱなアレだよ。歯もしっかりしてるんで油断すると噛みつかれちまう。だけど、塩づけにしときゃあ大丈夫だ。もう動けねえ」

絶対に虫の話ではない。これは間違いなく怖い話だと娘夫婦は確信した。

「見てみるかい？　おれが捕まえたアレ」

おじいさんは、いたずらっぽく笑いながら言った。

「結構です！」と娘夫婦は、ほぼ同時に答えて逃げるように帰ってきた。

この本を手にした読者の皆さんならきっと「お願いします」と見せてもらったことだろうが、娘夫婦には怖い話に対する免疫はない。

だから、もちろん娘夫婦はそのアパートを選ばなかった。松並木からは、かなり離れた場所のアパートに決めた。二階に住んだが、さすがにアレが飛んでくることはなかったようだ。

生首が飛んでいるのを見たという噂はずいぶん以前から、というよりずいぶん以前に、よく聞いた気がする。

処刑は打ち首が多かった。獄門という言葉も目にする。獄門は斬り落とした首を晒すこと。そこから生首の話や、逆に首のない人の身体だけが彷徨《さまよ》うという怪談がうまれたのだろう。

一気に殺さず鋸で、通りがかりの人が一挽きずつしてゆくという恐ろしい処刑方もあったようで、その苦しみを思うと念が籠もるというか——溜まるというか——そんな場所になっていたのもうなずける。

平成の半ば頃に松の植え替えがあったと聞く。今から思えば、その頃から生首の噂が減っていった気がする。

参考文献、参考資料

『日本の伝説27・上州の伝説』都丸十九一・池田英雄・宮川ひろ・小暮正夫 著（角川書店）
『剣の天地』池波正太郎 著（新潮文庫）
『上泉信綱』永岡慶之助 著（人物文庫）
『真剣　新陰流を創った男、上泉伊勢守信綱』海道龍一朗 著（新潮文庫）
『まんが赤堀町誌』関口たか広　漫画（赤堀町）
『上毛の史話と伝説』（上毛新聞社刊）
『天明の浅間山噴火災害を今に伝える地蔵』飯島恭己 著（伊勢崎市戸谷塚町区発行）

アンチヒーロー、磯貝久左衛門

戸神重明

磯貝久左衛門《いそがいきゅうざえもん》は実在した人物である。伝説によれば、彼は高崎藩士で、同じ高崎藩士と些細なことで喧嘩になって相手を殺害し、出奔した。江戸時代の武家社会では、親が殺されれば子が仇討ちをするのが慣例だ。被害者の息子、何某《なにがし》は脱藩して磯貝を追った。

だが、日本各地を捜し回っても、磯貝は見つからなかった。何某が一旦諦めて高崎へ帰ると、磯貝は先に帰っており、既に死亡していたという。親の仇討ちが果たせなければ、藩士への復職もできない。何某は悔しさのあまり、槍を持って磯貝の墓へと向かった。

「おのれ、磯貝！」と、力の限り、墓石を槍で突いたものである。

すると、槍の刃を抜いた途端に、墓石から大量の鮮血が噴き出してきた――。

という話が、高崎市赤坂町の赤坂山長松寺に伝わっている。その墓石は現存していて、確かに鋭利な刃物で突き刺したと思しき穴があり、穴の下には染みの跡がある。とはいえ、おそらく降雨が石に染み込み、石の中に含まれている鉄分が噴き出したものであろう。

磯貝久左衛門が本当に悪人だったのか、今となっては確かめる術《すべ》がない。墓を守る子孫が絶えた上、いたずらで墓石を傷つけられたのだとしたら、むしろ気の毒な御仁である。

江連美幸《えづれみゆき》

一九七八年、群馬県藤岡市出身。「高崎怪談会」に三度出演。霊能者、浄霊師。霊媒師の家系に生まれ、現在、玉村町某所にて鑑定を行っている。常日頃から、霊現象になやむ女性達を救うため日々奮闘している。日本酒好き、猫、犬好き、歴史好き。

あちらこちらの寺社に赴くのがライフワーク。自身の経験から、怪談の数は多数ある。

軍配山古墳《ぐんばいやまこふん》

少し前の話になる。

私が住んでいる群馬県佐波郡《さわぐん》玉村町《たまむらまち》は、利根川とその支流の烏川《からすがわ》に挟まれた平地で、古墳が多いことで結構知られている場所だ。玉村町だけで一四三基の古墳が確認されていて、中には古墳の形態や副葬品などから大和政権との繋がりをうかがわせるものもあるという。

さて、私の生業《なりわい》はご存じの方もいらっしゃると思うが、霊能者である。しかし、その前に一介の主婦でもある。

近所のスーパーやコンビニで買い物をしたり、実家へ両親の様子を見に行ったりと、四十代半ばの〈くたびれお母さん〉だということは、世間の方々と何ら変わりはない。

そんな私が、世間で言うところの非日常的なモノを見るのは逆に日常茶飯事なのだが、とくに〈そこ〉では思わず首を傾げるようなモノを見たのである。

私が住んでいる玉村町のとある地区には、〈軍配山古墳〉という古墳がある。水田の中にポツンと佇み、直径四十メートル、高さ六メートルほどの円錐型竪穴式古墳だ。この古墳の被葬者は、この一帯でもかなり有力な豪族であったらしい。その証拠に、当時の栄華と粋を極めた、中国渡来の鏡などが出土している。

そんな軍配山古墳から徒歩五分圏内にある我が家は、もしも再建築することにした場合、文化財保護法などにより、国の許可がいるという非常に厄介な場所に建っている。

これはその軍配山古墳で起きた出来事だ。

春も過ぎ、そろそろ夏の匂いが漂い始めた、六月のよく晴れた穏やかな日。

朝の九時からびっしりと入った仕事をこなし、夕食の買い出しに出かけた私は、いつものスーパーで足早に買い物を済ませると、車で帰路に就いた。午後二時から三時くらいのことである。

そのスーパーから家まで帰るには、必ず軍配山古墳の横を通る。その日もいつものように古墳の横を通って帰ろうとした。その時、ふと、軍配山古墳に目を向けると、白い煙がうっすらと筋になって立ち昇っていた。

(はて?)

車のスピードを緩め、ゆっくりと軍配山古墳に車を近づけてみた。すると、どうやらそれほど大きな煙ではないことが分かった。誰かがタバコを吹かしているのだろう。

「あんな丘の上に、誰が登ってタバコなんか……」

そう呟きながら、さらに車のスピードを緩めて近くに寄る。すぐ下から軍配山古墳の頂上を見上げられる位置までやってきた。

古墳の頂上には、石造りの記念碑と松の木が一本立っている。その前で大きな行李《こうり》に腰掛けて、足を組みながらタバコを吹かしている人影がはっきりと見えた。

「えっ?」

何故思わず声が漏れてしまったのか——。タバコを吹かしている人の出で立ちが奇妙だったからだ。

行李の上に腰掛けているその人は、脚絆と草履を履いていて、髷《まげ》と思われるものを結っているが、明らかに髪が乱れている。青地の浴衣のような着物を着ていた。縦にも横にも白い縞模様が入った、絣生地《かすりきじ》である。その着物の裾をたくし上げ、腰の辺りで留めていた。そんな出で立ちで、ゆっくりと煙を吐いている。年齢までは分からないものの、男性だということは容易に分かった。

初夏ではあるが、まだ肌寒い日もあるこの時季にしては、薄着だな、と思った。そもそも何故、あの人はあんな風体《ふうてい》でタバコを美味しそうに吹かしているのか? よく見ると、タバコも紙巻きではなく煙管《きせる》じゃないか——。

(あぁ……)

そこでようやく、相手がもうこの世の者ではなく、はるか昔に生きていたモノであろうことに気がついた。

しかし、いやな気持ちがしなかったのは、古墳の雰囲気とその人がよく似合っていたことと、その人がとても美味しそうに煙管を吹かしていたからに他ならなかった。

それからしばらくは、軍配山古墳で不可思議な光景を見ることはなかった。ただ、正確に言うと、四ヶ月だけ見なかったことになる。

日が暮れるのが早くなった、十月のある日。

その日もやはり朝からの仕事を終えて、夕方近くになって日課の買い出しに出かけた。いつものスーパーで買い出しを済ませた帰り道。車で軍配山古墳の横を通り過ぎようとした時に、聞き慣れない音が私の耳に入ってきた。

地響きのような、うなり声のような――それはやけに遠くから、でも確実に聞こえてくる。さまざまな音が鳴り響いていた。

「一体、何の音……？」

ふと、軍配山古墳を見上げると、

(何だ、ありゃ？)

古墳の頂上に人影が二つ。一人は仁王立ちで立っていて、もう一人はひざまずいていた。

私は思わず、あんぐりと口を開けてしまった。理由は、その二人の服装にあった。

「鎧《よろい》、だよね、あれ?」

誰に言うともなく呟いていた。

私は、今見ている光景が果たして現実なのか? という疑問と、もっと見たい、という好奇心を抑え切れずに車を停車させた。

仁王立ちしている人物は男性で、かなり大柄であることが見て取れる。赤い鎧を纏い、ざんばら髪で、古墳の頂上に生えている大きな松の木を背にして南側を向いていた。

もう一人はやはり男性で鎧を着ているのだが、そのわりには軽装に見え、尚且つ手には大きなホラ貝らしき物を持っていた。

ボーッとその光景を見ていた私は、ハッと我に返って車を発進させ、家路に就いた。いつものことではあるが、あまりにもはっきりと見えたので、何だか笑いが込み上げてきた。それほどまでに滑稽で、リアルな光景であった。


数日後、気になって、玉村町の軍配山古墳に関するホームページを調べてみた。無論、軍配山古墳にある看板の説明文も見に行った。すると、面白い事実が判明した。

天正十年(一五八二年)、織田信長が明智光秀に討たれた〈本能寺の変〉から十六日後の六月十八日。

上野国に侵攻してきた小田原の北条氏直《ほうじょううじなお》と、ここに進駐していた織田家重臣の武将、滝川一益《たきがわかずます》が一戦を交えた。〈神流川合戦《かんながわがっせん》〉と呼ばれたこの戦《いくさ》では、滝川一益がこの古墳に本陣を置き、軍配を振るったことから、〈軍配山古墳〉と名づけられたという。

二日間の戦は一日目こそ滝川軍が勝ったが、二日目は大敗に終わり、一益は碓氷峠《うすいとうげ》を越え、中山道を通って伊勢国《いせのくに》（現在の三重県）まで逃走した。支配していた上野一国と信濃二郡の領地も失っている。

軍配山古墳は〈御幣山古墳《ごへいやまこふん》〉とも呼ばれ、近くを走る日光例幣使街道《にっこうれいへいしかいどう》を通る旅人が、日差しを避けて休憩する場所としても使われていた。

つまり、私が見たのは、街道で旅の疲れに一服していた人物と、古墳に本陣を置いて戦っていた武将、滝川一益とその配下ということになるのだろう。

不思議なこともあるもんだ、と感心しながら、今日も私は軍配山古墳の横を通って、夕飯の買い出しへ車を走らせるのである。

藤岡城

もう、三十四年前の話である。

当時、小学生だった私は、藤岡市にある藤岡市立藤岡第一小学校に通学していた。

この藤岡第一小学校というのは面白いことに、学校の周りがぐるりと城址公園になっていた。校庭の外側には植木に囲まれた歩道があり、その頃は多くの市民たちがウォーキングをしたり、犬の散歩をしたりする姿をよく見かけた。もちろん小学生たちも体力づくりや、マラソンなどにもこの城址公園を利用していた。

第一小学校の敷地には、その昔、芦田城《あしたじょう》というお城が建っていたのである。この芦田城、別名を藤岡城とも言った。住所も藤岡市藤岡城屋敷という地名がついており、正真正銘の城跡なのだ。

第一小学校の裏手にあたる北西側に舗装された土塁が見て取れる。そこにはこの土地を寄贈した、井元たい女史の銅像が置かれている。現在はこの遊歩道化された城址と学校の間にフェンスがあるが、私が小学生の頃にはなかったように記憶している。

数奇な運命の城として、近くの平井城や山名城と並び、知る人ぞ知る城なのだという。

天正十八年（一五九〇年）八月、徳川家康の関東入府に伴い、藤岡に三万石の領地を与えられた依田康勝《よだやすかつ》は、信州小諸から翌天正十九年（一五九一年）四月、まだ築城半ばであった、この芦田城に入城した。依田氏は、別名を芦田氏という。故に城の名前もまた芦田城と呼ばれるようになった。

ところが、慶長五年（一六〇〇年）、康勝は大坂で徳川家康の家臣、小栗三郎と囲碁の対決の最中、愚弄した三郎を刺殺したことから改易《かいえき》となり、芦田城は廃城となった。つまり、藤岡城というのは実質、十年足らずの城であったことになる。

そんな歴史など露知《つゆし》らず、私は毎日学校へ通っていた。

それは小学四年生の、どんよりとした梅雨の日のことだった。

その日の五時間目は教室を離れて、渡り廊下を挟んだ北側の校舎の一階にある、視聴覚室での授業であった。給食を食べて満腹だった私は、視聴覚室で先生の授業を聴きながら、眠気を抑えるために教室から見える渡り廊下に目を向けた。渡り廊下は東側と西側に一本ずつあり、真ん中は中庭になっている。

東側の渡り廊下と中庭を見ていると、ジメジメとした灰色の空気の中に、二つの人影が浮かび上がってきた。

た。

(あれ？　用務員さんかな？　……いや、違うな)

さらにしっかり目を凝らしてみると、髷《まげ》を結った二人の男性の姿がはっきりと見えてきた。

(着物を、着てる……？)

その二人は一対になるように向き合いながら話をしていた。片方の人物は髭を生やしていて、それを愛でるように撫でている。もう片方の人物は、腕を組んでいるように見えた。髭の男性はコバルトブルーの羽織と袴を身に着け、腕を組んでいる男性は萌黄《もえぎ》色をした羽織と袴の姿であった。何やら真剣な顔をして語り合っている。

するとそこへ、袢纏《はんてん》を着て股引きを穿いた、小学生にも身分が下であろうと分かる男性が現れて、二人に近寄り、何事かを告げて立ち去った。それからまた二人は、北の方を見ながら何やら話し込む。そんな光景が五分程度の間に繰り広げられた。

眠かったこともあり、半分は何が起きているのか分からないまま、私はただボーッとそちらを眺めていたが、突然、その二人はゆらゆらと揺れ始めたかと思うと、蜃気楼のように消えてしまった。

(何だったのだろう？)

気味が悪いというよりも、何となく滑稽に思えた。その理由は鉄筋コンクリートの校舎と、着物を着た男性たちとのコントラストが、奇妙に思えたからであった。

それからは曇天の日に一階北側の校舎で授業が行われると、決まって同じ二人の着物を着た男性たちと身分が低そうな男性との一連の流れを見るようになった。視聴覚室でも、理科室でも同じことが起こる。

そうこうしているうちに、七月に入って暑い日が続くようになった。

だが、一日だけ朝から曇ってじっとりとした日があった。

その日の五時間目。

理科の授業が始まり、いつものように授業半ばに差し掛かると、例の武士であろう男性たちによる寸劇のようなものが始まった。これまでと変わらぬ流れなのだが、なぜか今回に限って私は、気持ちがソワソワして落ち着かなくなってきた。それは幼い頃から良くないことが起きる前に必ずなるもので、心拍数が上昇するらしい。

（来る。何かが来る）

そう思った瞬間、耳が痛くなるほど大きな、馬の嘶《いなな》きが聞こえてきた。

ヒヒーン！　ヒヒーン！

そっと耳を押さえながら、馬の嘶きが去るのを待つ。

やがて蹄の音と共に、男性の声が聞こえてきた。

「……でござる！　……でございます！」

黒馬に乗って必死に手綱を引いている、着物を着た男性の姿が現れた。

すると今度は、例の二人の御仁がその様子にびっくりしながらも、男性と黒馬に近づいてゆく。そこでまた陽炎のように全員の姿が消え去ってしまった。

何が起こったのか分からない。分からないけれども、理科の授業は終わっていた。

それ以来、その不可思議な者たち全員の姿を見ることはなくなった。

これが、私が生まれて初めて見た武士の幽霊だったと思う。

今も時折、母校の近辺を車で通りかかることがある。その度に思うのは、あぁ、あの時の早馬は、きっと主君の危うき事態を、城にいる家臣たちに伝えに来たものだったのではないか――ということだ。

そしてあの時、こうして本のネタになる光景を見ていた幼き日の私を、今の私は誉めてやりたいと思うのである。

川場村、吉祥寺の夢

私的な話になるのだが、私自身、このような仕事を生業《なりわい》にして生活している以上、常に欠かせない作業として〈浄化〉がある。

あちこちの寺社仏閣を巡り、ある時は観光地化している大きな神社、ある時は過疎地にひっそりと佇《たたず》む古い寺など、とにかく足を使い、自分に合った浄化場所を見つけるのがライフワークとなっている。

その中でも唯一無二の圧倒的な存在感を放つのは、群馬県利根郡《とねぐん》川場村《かわばむら》にある〈吉祥寺《きちじょうじ》〉という寺だ。

関越自動車道沼田インターを降りて、片品村《かたしなむら》方面へ向かう途中に有名な道の駅、田園プラザ川場があり、そこを左折すると群馬では有名な酒、水芭蕉を製造している造り酒屋〈永井酒造〉がある。その近くに鎮座するのが鎌倉建長寺を本山とする〈青龍山　吉祥寺〉である。

花の寺と言われ、四季折々のすばらしい草木や花と、本堂の前には見る者を感嘆させる枯山水が見渡せる。本堂の三面からは、それぞれの美しい景色が見られ、とにかく現世の寒々しいものを払拭してくれるかのような、それはそれは麗しい寺である。

もう、十何年も前から通わせていただき、その都度、歴史ある仏像の数々の前に頭《こうべ》を垂れ、教えを乞うている。

十何年も通い詰めている私だが、当時高校生だった愛娘だけはその寺に連れて行った記憶がないため、二月にまだ雪が残っているであろう川場村まで車を走らせた。

私と娘の二人きりのドライブではあったが、沼田インターを降りるまでは比較的順調に車を運転することができた。

インターを降りてしばらくすると、案の定、雪は大変な量で、前日降り積もったであろう新雪がかなりの量で道路を塞いでいた。スタッドレスタイヤに履き替えていたことに安堵しつつ、車をゆっくりと慎重に走らせる。

すると、いつも通い慣れているはずの道から、だいぶ逸れていることに気がついた。

「お母さん、何でわざわざ雪の深い、細い道に入るの？　車の通った跡がないじゃない」

「あれ？　いつもの道を通ってたはずなんだけどな……」

全く知らない民家の軒先でUターンをさせてもらい、何とかその知らない道から出ることに成功したものの、今度はまた見たことのない急な坂道に出てしまった。

「たどり着けるの？」

た。

「ウ～ン……」

何とかその坂を死に物狂いで下《くだ》り、やっとのことでいつもの知っている道にたどり着いた。

今までこれほど迷ったこともなければ、知らない道へ車で進入したこともない。ましてやインターから降りて、一本道に等しい道路を間違えるなんて未《いま》だかつてなかったことだ。

首を傾げつつ、私と娘は吉祥寺に車を向かわせた。

午前九時半頃に家を出て、通常なら一時間とかからない道のりのはずが、寺に着いたのはお昼過ぎ、正味二時間半以上かかったことになる。

不思議なこともあるもんだ、と思いつつも、前日の疲れが出て運転の感覚が鈍ったのだろう――そう考えることにした私は、娘を連れて駐車場に車を置き、山門をくぐった。

二月の吉祥寺の景色は一面の銀世界と、その中に異彩を放つ聖観世音菩薩と雪吊りのコントラストが見事で、私と娘は白い息を吐きながら、その荘厳な景色に見惚れていた。

吉祥寺は山門、釈迦堂、本堂と分かれていて、私たちはそれぞれに足を運びながら本堂へ向かった。

そこでお抹茶を和菓子と共にいただくことができるため、チケットを購入し、見て廻ることにした。

本堂は回廊を一周ぐるりと廻ることができ、回廊の三面からは三種三様の景色を望むことができる。正面に鎮座されている釈迦如来様に二人でご挨拶をし、側面を通り回廊の裏手に出た。

薄氷の張った一面の大きな池と回廊の途中にある足場、回廊全面に敷いてある緋色《ひいろ》の絨毯《じゅうたん》が、えも言われぬ華やかさと凛とした美しさを演出していて、まるで別世界に引き込まれたかのような気持ちになった。

(娘を連れてきて良かった)

何度も来ているのに、真冬の景色を見るのは初めてだった私だが、この景色を娘に見せることができた誇らしさがふつふつと心に湧いてきていた。

一方、振り返って娘を見ると、じっと同じ方向を見つめている。

(はて?)

視線の先に目をやると、回廊に張り出した立派な屋根の際《きわ》があった。

「何かあるの?」

と訊ねると、娘はただじっとそこを見つめて首を傾げていた。

「いや、何でもない。何でもないけど、変な感じが……」

私には分からない何かを感じた様子だった。

回廊を抜け、本堂の客間でお抹茶と和菓子をいただいた私たちは、大満足で客間を後にした。

本堂を出てから数メートルほど歩みを進めた時、今度は私が本堂を背にして右側に並ぶ墓石の群れにふと目を奪われ、歩みを止めた。

「どうしたの？」

「いや、何でもないんだけど、何だか……」

気になったのだ。

ごく普通の墓石の群れなのに、何やら心に引っ掛かるものがある。

「寒いよ。行こうよ」

「うん」

一礼と共に別れを告げ、私と娘は吉祥寺を去った。

その後、私たち親子は帰りの車の中で、何故か口数が少なくなり、とくに娘はずっと何かを考え込んでいる様子のまま、家に着いた。

次の日の朝。いつものように身支度を整え、娘を学校まで送る用意をしていると、普段は時間ぎりぎりに起きてくる娘が三十分も早く起床してきた。

「どうしたの？　珍しい」

「いやぁ、何だか変な夢見てさ」

「へぇ……」

それから口をモゴモゴさせ始めたので、「車の中で話を聞くよ」と言い、一旦打ち切った。

娘は昔から夢見が多く、それによって睡眠を阻害されたことも屡々《しばしば》あった。だからいつも送迎の車の中で、昨夜から今朝早くまでの間に見た夢の話をするのが日課になっていた。

「で?」

「で、って?」

「夢の話さ。変なの見たんでしょ?」

「変なのって言うより、不思議な夢だったんだよ」

娘が語った、夢の内容はこうである。


昨日行った吉祥寺の境内に自分が居る。

雪景色で手も凍るような寒さは、昨日と何等変わりはなかった。

境内を散策していると、遠くの方から何やら話し声が聞こえてきて、その話し声には強弱がついていた。うるさくなったり静かになったりしている。

(お経……かな?)

話し声は女性ではなく、男性の声であると何となく分かってきたため、もっと近づいて聴いてみようと、昨日上がらせていただいた本堂に足を向けた。

本堂に上がり、回廊へ行こうとした瞬間、ハッとなった。

（違う！　お経じゃない）

「お経じゃないんだけどね、どこかで聴いたことのあるような、不思議な音色の音楽と歌だったの。深い……でも、澄み渡った綺麗な歌声だった。そこでね、夢の中でまた、ハッ！て気がついたの。昔、洋画で聴いたことがあったな、って。あれは……賛美歌だと思う」

娘は夢の中で寺に居ながら賛美歌を聴いたらしい。

「凄い夢だね！　それで？」

「それでね……」

夢の中で娘は、とりあえず歌が聴こえる方へ行ってみようと、そろりそろりと回廊を廻り始めた。裏手にあたる薄氷の張った回廊に出た。徐々に大きくなる賛美歌を聴きながら進むと、回廊の中央に大きな白い陶器でできた動物の置物が現れ、中央に西洋風の飾りの付いた重厚なドアがあった。

少しずつドアが開く。

すると中から賛美歌が聴こえてきた。

ドアがゆっくりと開かれて全開になると、そこには黒い制服のようなコート風の衣服を着た外国人が立っている。よく見ると、神父さんのようであった。

その人はゆっくり近づいてきて、娘にこう言ったという。

「さあ、お入りなさい。みんなが歓迎しています」

室内に入ると、暖かな空気が広がり、賛美歌と共に美味しそうな匂いが漂ってきた。奥へ進むと大きな暖炉があり、火がチロチロと燃えている。赤や黄色、色取り取りのモールや美しくキラキラした物で部屋全体が飾り付けられていた。

(クリスマスだ……。この雰囲気、きっとクリスマスなんだ……)

娘はふと、横にある自分の背丈ほどの観葉植物に目を向けた。クリスマスツリーであろう。その枝に飾られている、真っ赤な十字架のオーナメントが気になった。近くにいた神父さんが、

「気に入りましたか？　では、これを君にあげましょう。これは、ここにいる者たちの魂――」

そう言うと、娘の手にそのオーナメントを載せてくれた。ブリキのような金属でできた

十字架は、暖かな部屋にあったはずなのに、ひやりと冷たく感じられた。

その瞬間、目が覚めたのだという。

「なーんだかね、いやな感じじゃなかった。むしろ、ほっこりしたというか、難しい感情なんだよね」

そろそろ学校に着く。その時、私は無意識のうちに、

「もしかして、隠れキリシタン伝説でもあったりして？」

と、娘に言ったのだが、

「まさかね」

自ら否定して苦笑した。

それから何日かは日々の生活に追われ、そんな話は忘れていた。

ある日の夕方、夕飯の支度をしていた私のもとに、二階に居た娘が「おかーさん！」と叫びながら駆け下りてきた。

「どうしたのよ！」

私はびっくりしながらも、娘の興奮冷めやらぬ態度を落ち着かせてから、話を聞こうとした。

「これ！　これ見て！」

あの夢を見たあと、何かあるんじゃないかと思い、どうしても気になった娘は、スマホでインターネットの記事を調べていたらしい。

すると、娘の前に現れた言葉があった。

〈隠れキリシタンの里　川場村〉

「やっぱりそうだったんだよ！」

私も、いつも行っていた場所に、このような秘められた事実があったことに驚き、さらに娘の見た夢が意味のあるものだったことにも驚いた。

「あとでもう一度、吉祥寺に行ってみようか？　それと、資料館にも」

そこからまた数ヶ月が経って、やっと休みが取れたので、再び二人で川場村へ向かった。

今回は以前と違い、また新たな気持ちで行けることに、感謝と畏敬の念を抱いていた。

まず川場村歴史民俗資料館へ足を向ける。

資料館にはさまざまな資料があり、川場村が何故関東でも屈指の隠れキリシタンの里になったのか――吉祥寺との関係などが事細かに説明されていた。

それによると、元々川場村の〈門前〉という地区に江戸時代、「東庵」というキリスト教の伝道師が住んでいた。利根沼田方面は隠れキリシタンが多かったこともあり、助け合いの精神が働いていて隠れるには好都合であったという。

正保元年（一六四四年）、幕府から沼田藩主の真田氏宛てに、キリシタンの東庵が領内川場村に潜伏している、との通知があった。真田氏の配下がそこへ行ってみると、東庵の姿はなかったが、東庵の娘「おま」と「まり」と、おまの夫が居て、捕らえられてしまった。だが、延宝元年（一六七三年）になって、吉祥寺の僧と谷地門前《やちもんぜん》の名主が付き添い、ようやく牢を出ることができた。

吉祥寺境内にある大きな地蔵様には、寛政五年（一七九三年）の銘がある。その蓮台の裏側には縦横長さ十センチほどの十字《クルス》が彫ってあり、隠れキリシタンの弾圧から百数十年後にも、この川場村で密かに祈りを捧げる村人が居たことを思わせるものだという。

じっくりと、その資料を食い入るように見たあと、二人で無言のまま吉祥寺へ向かった。いつものように駐車場に車を置き、山門をくぐり抜けた所で、はたと気がついた。前回、私が言葉にできない違和感に足を止め、じっと目を凝らした墓石が並ぶ場所――あの場所こそが、まさにキリシタンたちが眠り、祈りを捧げていた場所なのではないか？　そしてお地蔵様も、かつてはそこにいらっしゃったのではないか？

私は当時のキリシタンたちのことを思い、悲しい気持ちになりかけた。けれどもすぐに、当時の彼らにとっては、そこが最も心休まる場所だったのかもしれない、と思うようになっていた。

前回訪れた時のような寒さはなく、ぽかぽかと暖かい日差しが本堂の玄関の下駄箱を照らしている。

いつものようにご本尊様をお参りしてから回廊に下りて、娘が例の夢の中でドアがあったと証言する場所までやってきた。

「あの時……あの神父さんが言った言葉、〈ここにいる人たちの魂〉ってさ、そういうことだったんだね。何だか悲しいね」

娘はそう言うと、ぎゅっと自分の手のひらを握った。

「いいや、そうじゃないよ。そうじゃないさ。信仰できた喜びも、きっとあったと思うんだ、お母さんは」

「うん。そうだよね、きっと」

雨上がりでもないのに、池の水面が妙にきらきらと輝いている。私たちはうっとりしながらお抹茶と和菓子をいただきに、本堂の客間へ静かに入っていった。

参考資料

玉村町ホームページ　町史跡　https://www.town.tamamura.lg.jp/docs/2019030500037/

御幣山〈軍配山〉古墳　案内板（玉村町教育委員会）

『日本城郭大系　第四巻』児玉幸多、他　監修　平井聖、他　編集（新人物往来社）

『関東地方の中世城館〈1〉栃木・群馬』服部英雄、村田修三　監修　栃木県教育委員会、群馬県教育委員会　編集（東洋書林）

川場村歴史民俗資料館　展示資料より抜粋。

徳川忠長と高崎城

戸神重明

安土桃山時代に井伊直政が築いた高崎城は、徳川三代将軍家光の弟、忠長が兄との政争に破れて幽閉され、切腹した場所として知られている。私の母方の先祖は、忠長の家来として一緒に高崎へ来て、追い腹を切って死に、その遺児が高崎に住み着いたという。真相は定かでないが、そんな話を幼い頃から聞かされて育ったので、歴史ドラマではチョイ役に過ぎない忠長のことが気の毒に思えてならず、ファンでもある。

忠長の墓は高崎市通町《とおりまち》の大信寺に存在する。しかし、忠長に関連した怪談は不思議と聞いたことがない。高崎城址に関連した話なら、幾つかあるので、一話を紹介しよう。

ある朝、辺りがまだ薄暗い曙《あけぼの》の頃。高崎城址近くの道を歩いていた中年の男性Aさんが、武士の礼服を着た男と擦れ違ったそうだ。腰に刀を一本差し、青い長裃《ながかみしも》を身に着けた四十がらみの男で、髷を結っていた。長過ぎる袴の裾を引き摺りながら歩いている。

ドラマの撮影か？　とAさんは思ったが、カメラマンやスタッフの姿はない。早朝でほかに人や車が通っていなかったこともあって、Aさんはひどく緊張しながら擦れ違った。

一体、何者なんだ？　と気になって振り返ると、路上には誰もいなかったそうである。

撞木《しゅもく》

幼い頃から不思議な話や妖怪、民俗学が好きで、体験談を蒐集している。
着物や古いもの、草木に興味有り。
ものづくりが好きで、日本のものづくりに貢献出来ないかと、目下奮闘中。

伊勢崎の古井戸にまつわる話

井戸の歴史は古く、日本では弥生時代前期の福岡県や佐賀県の遺跡から深さ一メートル余りの素掘りの井戸が発見されている。古墳時代には井戸側《いどがわ》に丸太の内部を刳《く》り貫《ぬ》いたものや板が取り付けられるようになり、鎌倉時代に入ると石組みの井戸が造られ始めた。

鎌倉時代には〈まいまいず井戸〉と呼ばれる、地面をすり鉢状に広く掘った大きな井戸も造られていた。これは斜面に螺旋状《らせんじょう》の通路を設け、穴の底まで下りてゆき、そこからさらに下へと掘った井戸の水を汲むものである。

江戸時代になると、関東でも盛んに井戸が造られるようになった。現在の千葉県君津市では〈上総《かずさ》掘り〉と呼ばれる井戸掘りの技術が開発され、全国に広まっている。

また、神話や伝説では、古事記や日本書紀にも登場する鹿児島県指宿《いぶすき》市の〈玉の井〉や、島根県出雲市《いずもし》斐川町《ひかわちょう》の御井神社《みいじんじゃ》に現存する三つの井戸、奈良県生駒郡斑鳩町《いこまぐんいかるがちょう》にある法輪寺の井戸などが日本最古の井戸とされている。

水は生命の源であり、人々の生活に深く密着している。群馬県伊勢崎市でもかつては井戸のある家が多かった。

その伊勢崎市に住む、七十代の男性Ｆさんは、子供の頃、目にものもらいが出来たことがあった。鏡を覗くと、明らかに右目が腫れている。

「目がごろごろする」

と、母親に話したところ、母親は台所から、竹箕《たけみ》を持ち出してきた。

「こっちへおいで」

Ｆさんは屋外へ連れて行かれた。

行き先は、庭の井戸である。

母親は井戸の上に被せてあった木の蓋を外して、Ｆさんを呼んだ。

「半分、竹箕を井戸にかざしてごらん」

Ｆさんは促されるがまま、竹箕を両手で持ち、半分をかざした。

井戸の中は暗く、昼間だったにも拘らず、少し背筋が冷たくなった。

「井戸の神様、井戸の神様。ものもらいを治して下さい。治してくれたら、竹箕を全部見せます」

背後から母親の声が響いた。

Ｆさんは子供ながらに、早くものもらいが治ってほしかったので、一緒になって懸命に祈ったという。

今から六十年程前は、現代のように、気軽にドラッグストアで目薬を購入して点《さ》す、というわけにはいかなかった。その分、古《いにしえ》の先人たちからの知恵や教えが、純粋に人々の心を支え、「民間信仰」として信じられていた。

それで、本当にものもらいが治ったかどうかは、

「もう、忘れてしまったよ」

と、Fさんは笑う。

話はそこで終わってしまった。『群馬の伝承と民俗』のような本なら、これだけでも一話となるかもしれない。しかし、本書は『群馬怪談　怨ノ城』であるから、これだけでは怪談とは言えず、一話として成立しない。残念、と諦めかけた時に、

「神様かどうかはわからないけど……井戸の中にはやっぱり、目に見えない何かがいると、俺は思うんだよ」

Fさんはそう言って、知人から聞いたという、こんな話を教えてくれた。

これはFさんの奥さんの友人で、伊勢崎市内に住むYさんという女性が、今から四十年くらい前に体験した話である。

Yさんの旦那さんの実家は旧家で、家系に伝わる話によれば、江戸時代以前からこの地に定住し、農業を営んできたらしい。ただし、Yさんが嫁いだ頃には、自分たちが食べる分だけ農作物を作る、という形になっていた。

二人は結婚してから、同じ町内にアパートを借りて住んでいた。やがて子宝に恵まれ、上の男の子であるK君が小学校へ上がる頃、家を建てよう、という話になった。旦那さんの実家は敷地が広いので、その一画に別棟として家を建てることに決まった。

新築の家が建ち、家族で引っ越して暫くすると、K君が、妹のNちゃんに意地悪をするようになった。初めは小競り合いだったが、そのうち強く叩くようになった。

Yさんも初めは、環境の変化も手伝ってのことだろうか、と思っていたが、日に日にエスカレートし、時にNちゃんは青あざを作るまでになってしまった。Yさんと旦那さんは周りの人たちに相談したり、Nちゃんのみならず K君も医者に診てもらったりしたが、これといって良い変化はなく、悶々とした日々を過ごしていた。

そんなある日。

「うわぁぁぁん」

Nちゃんの泣き声が辺りに響いた。

外で洗濯物を干していたYさんは急いで家の中に入った。声のする居間へ向かうと、N

ちゃんがしゃがんだまま、泣きじゃくっていた。

「何があったのっ？」

Yさんは駆け寄り、Nちゃんに訊ねた。

膝が擦り剥けて血が滲んでいる。当時は洋間よりも日本間を中心とした家が多く、Yさんの家も例外ではなかった。転んで畳でこすってケガをしたのかもしれない。

だがNちゃんはかなり興奮していて、何かを話そうとするものの、言葉が聞き取れなかった。そこでYさんは少し離れた所にいたK君に事情を訊ねようとした。しかし、

「――ぐルぎィイイ……」

目の前にいる息子が、獣のような声を出して、眼光鋭くYさんを見つめていた。

目が吊り上がり、白目を剥く。

その姿は、とても自分の知っている息子ではなかった。

「――ぐルルぎィイイイ……」

先程よりも大きな声を出し、前かがみになったかと思うと、ぴょん、と跳び、四つん這いで動き出した。

本当に何が起きているのか、Yさんはわけがわからなかったという。

とっさにNちゃんを抱え、大声で旦那さんを呼んだ。駆け付けた旦那さんも、尋常では

ないK君の姿に息を呑んだ。獣のような声を出し、四つん這いで動き回るK君を、力ずくで押さえ付け、事なきを得た。

混乱する中、やっとの思いで、旦那さんの両親にも一部始終の話をした。両親は驚いた顔をしていたが、すぐさま、心当たりのある知人に連絡をして、ある神社の神主さんに家まで来てもらうことになった。

神主さんにK君の状態を視《み》てもらい、家の中と外を調べてもらうと、すかさず、

「井戸を埋めたね」

と、言われたそうである。


――井戸を勝手につぶしてはならない。

そう語り継がれているのは、祟り云々というより、ガス抜きや、水脈の変化があるので、きちんと処理しなければ、周りの家々にも迷惑がかかる、というのが実際だろう。

確かに旦那さんの家には、大正時代から使われてきた井戸があったが、水道が普及して利用する機会が激減したので、つぶして埋めてあった。ガス抜きもしてあった為、取り立てて気にもしていなかったそうだ。ところが、神主さんをそこへ案内すると、

「この井戸ではないな。他にも井戸がありませんか？」

そう言われて、旦那さんやその両親は、はっとした。ちょうど新築した家の真下に、より古い時代に埋め立てられた別の井戸の跡があった。石組みの古井戸で、江戸時代に掘られたものと言い伝えられている。新しい井戸ができて不要になり、つぶされたものであろう。

この古井戸の存在をYさんは、それまで知らなかったそうだ。

その後は、神主さんによるお祓いが行われたようだが、旦那さんとその両親が対応してくれたので、詳しい経緯《いきさつ》をYさんは知らない。だが徐々に、K君の症状は元に戻り、正気を取り戻していった。

今ではその頃のことは、全く覚えていなくて、元気に毎日を過ごしているという。

井戸から出てきたと思われるものが何だったのか、正体は謎である。

ただ、「このご時世に、そんな不思議な出来事もあるんだね」と、Fさんはしみじみと話してくれた。

参考資料　福岡市博物館ホームページ
http://museum.city.fukuoka.jp/archives/leaflet/395/index.html

水の郷《さと》、板倉町

邑楽郡板倉町《おうらぐんいたくらまち》は群馬県南東部最東端に位置し、利根川と渡良瀬川に挟まれている。水の恩恵を受け、かつては池沼が其処彼処《そこかしこ》に点在していた。その所為か川魚を食する文化が生まれ、それは今でも続いている。

大字板倉にある雷電神社《らいでんじんじゃ》の参道脇には、創業一八六年、江戸時代後期から続く老舗《しにせ》で、なまず料理を食べられる小林屋がある。

主に出しているのは川魚で、なまずの天ぷらやたたき揚げ、鯉こくなどがある。なまずは白身魚でくせもなく、ふっくらとしていて、淡白でとても美味しい。

これはそのお店のおかみさんから聞いた話である。

その一

板倉町の雷電神社は、関東一円に見られる雷電神社の総本宮で、五九八年に創建されたと言い伝えられている。一六七四年（延宝二年）に館林藩主で、のちに江戸幕府の五代将軍となる徳川綱吉《とくがわつなよし》の命により改修工事が行われた。古来より雷除けの御利益があることで親しまれている。

社殿と奥宮は群馬県の重要文化財に指定され、火雷大神《ほのいかづちのおおかみ》、大雷大神《おおいかづちのおおかみ》、別雷大神《わけいかづちのおおかみ》のほか、〈なまずさん〉と呼ばれるなまずの銅像も地震除けとして祀られている。これをなでると元気になり、〈自信〉が湧き出るそうだ。

さらに末社の八幡宮稲荷神社殿は、群馬県で最古の木造建築物として、国の重要文化財に指定されている。

お参りに来る人は、電気会社や航空会社の関係者が多いという。また、農業を営む人が多く、参拝の後にこの小林屋に立ち寄ることも少なくない。

ある時、

「こんにちは」

お店の引き戸が開き、声がした。おかみさんが顔を出すと、一人の男性がそこに立っていた。「ご無沙汰しています」と、頭を下げたその人は、以前、よくお店に寄ってくれていたお客さんの一人だった。

何年ぶりだろうか。久々に会ったその人は年の頃、五十代半ばだったはずである。心なしか少し疲れているように見えた。

「あら、お久しぶりです。暫く見なかったけど、お元気でしたか？」

おかみさんは、お茶を入れながら席へ促した。

「元気は元気だったのですが……親父が長患いをして亡くなりましてね。それでなかなかお参りに来られなくて……来ないでいたら、やっぱり雷が田んぼに落ちたり、畑のキュウリが雹《ひょう》にやられたりして……大変でした」

男性は参った、という風に頭を掻いた。

昔から雷雨が多い年は稲がよく育ち、米は豊作になる、といわれている。雷が発生すると空気中の窒素《ちっそ》が窒素酸化物となり、雨と一緒に地面に降り注いで肥料となるからだ。それに、田んぼに落雷があっても、稲は枯れずに穂を実らせることがよくある。

だが、男性の田んぼは二度の落雷で多くの稲が赤く焼けてしまい、穂は実らなかった。農作物の出来は、天候に左右もされるが、その年は冷夏も重なり散々だった、という。

「今年は来られたので、無事に過ごせることを願います」

男性は、ほっとした顔でそう語った。

おかみさんによれば、この類の話を聞くのは、一度や二度だけではない、とのことである。毎年欠かさずにお参りに来ていた人が、たまたまその年、身内に不幸があり、忌中などで来られない時に限って田や畑に雷が落ちたり、大きな雹が降ったりするらしい。

また、この付近一帯の電柱などに激しい落雷があり、電気系統に大きな被害を発生させたことがあった。こんな時には通行人が感電したり、庭木が倒れたり、電流が電線を通じて建物に侵入し、コンセントから出火することさえある。人身事故や火災が起きかねない、極めて危険な状況だったが、雷電神社と参道脇の家々は一時停電したり、電化製品が駄目になったりしたものの、それ以上の被害はなかった。小林屋も無事だったという。

「だからね、ここにお参りすると、守られている気がするって、皆さん口を揃えて言うのよ」

おかみさんはそう、話してくれた。

その二

おかみさんのご主人のお祖母さんはTさんといって、明治三十七年生まれの、とても元気ではつらつとした人だったそうだ。

今から六十年以上前、そのTさんが体験した話である。

その日、Tさんは、徒歩十分程度の知り合いの家に用事があり、店を営業させながら、外出する準備をしていた。

昔、この辺りには〈伊奈良《いなら》の沼〉と呼ばれる大きな湖が広がっていた。

『上毛野《かみつけの》　伊奈良の沼の　大藺草《おおいぐさ》　よそに見しよは　今こそ勝れ』

と、万葉集にも詠まれた、その湖に浮かぶ小島に雷電神社は鎮座していた。現在、神社の西側にある板倉中央公園に残された雷電沼は、かつての湖の一部なのである。

当時は既に干拓工事で湖の大部分が埋め立てられていたが、小林屋付近は木がうっそうと茂っており、周囲も田畑しかなくて、街灯も少なかった。日が沈めば、漆黒の闇夜が広がる為、夕方のうちに用事を済ませることにしていた。

「じゃあ、ちょっと、行ってくらあね」

Tさんは旦那さんと従業員に声をかけ、お店を出た。

暖かくなった春先のこと。夕方といっても日が伸びたので、辺りはまだまだ明るい。明日も天気が良くなりそうだ、とTさんは夕日が橙色《だいだいいろ》に輝く空を仰いだ。

今でこそ板倉町は人口が増え、家も増えたが、昭和三十年代当時のこの辺りには、まだ家は数える程しかなかったそうだ。

知り合いの家が見えてきて、Tさんの足取りは軽くなった。

いつもの田の脇を、いつも通りに曲がり、進んで行く。

雑木林に挟まれた曲がりくねった道を通り、その先をまた曲がる。

歩くうちにTさんは妙なことに気が付いた。行けども行けども、一向に、知り合いの家に辿りつかないのだ。

その家は見えている。道もいつもの通りだ。なのに、辿りつけない。

一抹の不安と共に、足取りが速くなった。そんなはずはない。自分に言い聞かせてみたものの、どれ程足を進めてみても、同じ所をぐるぐる回っているだけで、目的の家には、辿りつけなかった。

しかも、急に目の前の景色が変わった。

Tさんはいつの間にか、雷電沼の畔に立っていたのだ。そのまま進めば沼に落ちてしまうところであった。

異変に気付いた瞬間、鼓動が早鐘の如く打ち始めた。

暖かいはずの身体が、冷や水を浴びたように冷たく感じられる。

――このままだったら、どうしよう。

Tさんは拳を握りしめ、急いで踵を返し、小走りになった。どうにかしてこの状況を抜け出したい一心で、小林屋を目指したという。

もしも戻れなかったら――という不安は、杞憂《きゆう》に終わった。息を切らし、血相を変えて帰って来たTさんは、すぐさま先程の件を話した。一部始終の話を聞いていた旦那さんからは、「それはお前、オトカに化かされたんだよ」と言われたそうだ。

オトカとは、この地方の狐の名称である。古来から化かされる人が多かったらしい。

「オトカに化かされない方法は、なかったのですか？」

と、私は確かめてみた。

おかみさんは首を傾げた。

「そんなことは言っていなかったねぇ……」

「私事ですが、子供の頃、眉毛に唾を付けて、眉毛の本数を数えられないようにすると、化かされない、という話を祖父から聞いたことがあったもので」

私がそこまで言うと、おかみさんははっとした。

「そういえば……、お祖母ちゃん、眉毛薄かったわ。数えやすかったのかしら」

おかみさんはそう言って、笑った。

参考資料　板倉町ホームページ　雷電神社
https://www.town.itakura.gunma.jp/cont/s021000/d021010/raiden_kankou.htm
雷電神社ホームページ　http://www.raiden.or.jp/

〈猫の首〉の後日談

戸神重明さんの著書『群馬百物語　怪談かるた』（竹書房怪談文庫）には、私が情報を提供した「六十、沼地は多し　館林」という作品がある。それは現在二十代の男性Aさんが、子供の頃に館林市の、とある古い神社で数人の友達とサッカーをしていたら、蹴ったボールが突然、猫の生首に変化して、じきにまたボールに戻った、という話だ。

その体験談をAさんから聞いた私は興味を持ち、戸神さんと霊能者で浄霊師の江連《えづれ》美幸さんとの三人で、二〇二〇年二月に現地へ取材に赴いた。これはその時の話である。

この神社は、西日本で活躍したが、戦に敗れて自刃した武将の首が祀られている、との謂れがある。武将の家臣たちが主君の首を笈《おい》に入れて各地を巡るうちに、館林のこの場所で笈が急激に重くなり、動けなくなったので、首を埋めて供養したのが起源だという。今では本殿も拝殿もすっかり寂れていて、人けがなく、二月という季節の所為か、枯れた草木がより一層、境内全体を色褪せたものに見せていた。

「特に怨念めいたものは感じられませんねぇ」

境内をゆっくり回り、辺りを見渡すと江連さんは静かに言った。

苔生《こけむ》した大木や、刻まれた文字が長年の風雨で見えなくなった石碑が往年を語るのか、ひっそりと佇むその神社は禍々《まがまが》しいというよりも、

「昔はもっと信仰されて、この辺りの人たちの、心の拠り所になっていたようですね」

と江連さんは説明してくれた。取り立てて生首にまつわる因果関係はないらしい。

〈猫の首〉の一件はたまたま偶然が重なった出来事だったのだろう、として終了し、私たちは次の取材地へ行く前に近くの蕎麦屋で昼食を取ることとなった。

蕎麦屋に入り、奥座敷に通される。まだ時間も早く、他の客は誰も居なかった。

店内は暖かく、カツオ節の良い香りが漂っている。

店員の女性がお茶を用意してくれたが、それがなんと、ひとつ多く差し出された。

一瞬呆気に取られたが、一同吹き出し、怪談の取材でこんなお約束の展開があるものなのかと、その場が笑いに包まれた。まして戸神さんも私も〈霊感ゼロ人間〉である。以前に三人で太田市の某史跡へ行った際にも、私だけは江連さんと同性なのを良いことに手まで繋いでもらった（！）のだが、全く何も感じず見えなかったので、こんな展開はお約束だろうが何だろうが、とても嬉しい体験となった。

その後、特に変わったこともなく日常が過ぎて行き、ある朝のこと。

戦場《いくさば》で、生きたまま捕らえられた武士が斬首される悪夢を見た。

それから、何だか首が痛いのである。

寝違えた所為だろうと気にも留めず放置していたが、いつまで経っても痛い。湿布を張ったり塗薬を塗っても、今回はやけに長引いていて痛みが取れない。

挙句の果てに、本業の会社で普段はそんなことを言わない同僚から、

「今、さんばら髪で着物を着た男性が一瞬、撞木さんの後ろに居た気がしたんだけど……」

などと言われたものだから、余計に怖くなってしまった。

しかし、江連さんは「あの神社に怨霊はいない」と言っていたし、戸神さんも至って元気なのだ。もしかすると、生首のことに期待し過ぎていたので、どこか別の場所へ行った時に他の武士の霊にでもとり憑かれたのかもしれない。

とりあえず、医者に行こうと思っていた矢先。

戸神さんから『〈猫の首〉の原稿が書き上がりました』とのメールが届いた。添付されたファイルを開き、一読する。取材に行った時に見た風景が頭の中に蘇って来た。すると不思議なことに、あれほど痛かった首の痛みが軽減していった。

〈北関東の怪物〉は〈霊感ゼロ〉でも、書くことにより魔物を祓う力があるのだな、と痛感した出来事であった。

堀内《ほりうち》 圭《けい》

群馬県前橋市出身。「高崎怪談会」でのポスターデザインや語り手出演で、〈ホラークリエイター〉の肩書きを名乗るも、怪談会のチラシに乗った〈堀内　圭〉の名を見つけた後輩から「ホラ吹きパクリエイターだな！」と言われ、その後は自ら〈H・P・堀内〉と名乗る。「恐怖と笑いは表裏一体」と常に感じながら、怪談を続けていく所存。

帰路

昭和の最後の年に高校の友人の祖父から聞いた話である。明治生まれの御老人は嬉しそうに語り始めてくれた。

風が雲をちぎりながら、空が橙色の夕焼けに染まる頃、蝉たちの鳴き声がやんで、コオロギや鈴虫の優しい合唱へと移り変わる。
江戸時代の前橋藩領に飯土井《いいどい》という村（現在の前橋市飯土井町）があり、その村外れに四方を木々に囲まれた小高い丘があった。
そこは、鬱蒼とした雑木林が広がっていて、日中でも薄暗く、気味が悪い場所である。もしかすると追いはぎなんぞにあってしまう――そんな気配を感じさせる場所で、余程のことがない限り、丘の付近を通りたがる者はいなかったという。

飯土井の隣村の増田（現在の前橋市下増田町）に、祐庵《ゆうあん》という医者がいた。歳の頃は三十代半ば、柔法（現在の柔道の元）で身体を鍛え、小柄なわりにがっしりした体躯で、医者というよりは野武士のごとき雰囲気を醸し出していた。少し強面の祐庵ではあるが、気の優しい医者として村人たちからは尊敬され、身体の具合が良い悪いにかかわらず、多くの人々が彼のもとへよく訪れていた。

ある初秋の昼時、その祐庵の診療所に、隣村の飯土井から長治郎という男が息も絶え絶えに飛び込んできた。相当慌てていたらしく、道中転んで身体中、擦り傷だらけであった。

祐庵は何事かと驚いたが、その傷だらけの姿をしげしげと見ながら落ち着いた口調で訊ねた。

「お前さん、そんな様子で、何かあったんかい？」

長次郎は、へとへとになりながらも話を始めた。

「せっ、先生！　うちの娘が今朝から、腹が痛くて仕方がねえ、って！　熱もたいそう出ちまって苦しんでんだよ！　なっ、何とかしてやってくんない《もらえないか》！」

娘のためにここまでの道中、すっ転んで怪我をしながらも、私の所まで来たのだな、余程のことだろう、すぐに娘の所へ往診に行ってやらねば、と祐庵は考えた。

「はいよ、先ずはお前さんの傷を手当てしてからだ。それからすぐに診療に行くべぇ」

祐庵は早々と長次郎の手当てを済ませると、漢方薬と医療道具を手にして飯土井へと向かった。江戸時代では医者は特別な身分であったが、祐庵自身は患者の身分や損得勘定などで診療を行うような医者ではなかったので、近隣の村々でも頼りにされていたのである。

さて、増田から長治郎の家に到着するには、急いでも一刻（約二時間）ほどの時間がかかる。長次郎の家に着く頃には既に八ツ半（現代の十五時）であった。家に到着すると娘は痛く苦しそうな表情をしていた。診療の結果、随分とひどい食あたりだと分かり、早速治療にあたることにした。その甲斐あって娘の容体も落ち着き、熱も下がったので、もう大丈夫だ、と長次郎に伝えて帰り支度を始めた。表に出ると既に日が沈み、辺りは月夜になっていた。

はてさて、この暗闇の中をどうやって帰ろうかと思っていると、これで良ければ、と長次郎が提灯を手渡してくれた。有り難い、これで何とか暗闇の中でも帰れるだろう。

帰り道は月明かりと長次郎から預かった提灯だけが頼りとなる。祐庵は女房が家で待っていることを思うと早く戻ってやらねば、と考えた。何かあったのだろうか、と心配しているに違いない。

「そんじゃ娘さん、お大事に。ちゃんと薬を飲ませてやって、粥などの腹に優しい物を食するように」

「祐庵先生、まあず《本当に》ありがとうございました。帰り道はお気をつけてくんない《下さいね》ね」

「長次郎、帰り道を訊ねてぇんだけど、ここから増田まで早く帰れる道はどこかいのう？」

「あんには有《あ》るけど……昼間も人なんかあまり通らねぇ場所でも、よければ……」と、何かを心配するような態度で飯土井の雑木林の丘を通る道を教えてくれた。

　それじゃあ、と急いでいた祐庵は、長次郎の心配する様子を気に留めるでもなく、先程教えてもらった丘への道を足早に、そして転ばぬように増田への帰路に就いた。暗闇の中で頼りになるのは手持ちの提灯ひとつ、足元を照らしてくれるだけでも非常に助かる。道中、道端の草むらから聞こえてくる虫の声が寂しく、一人でいることをいっそう不安な気持ちにさせるのであった。

　そういえば先程、長次郎が心配そうな顔をしていたが、いったい何を言いたかったのだろう？　などと考えていると、ふと子供の頃に近所の爺さまから聞いた飯土井の村外れに住むという物の怪の噂話を思い出した。

　その昔、飯土井の丘に古い石棺《せっかん》（注）と石宮《せきぐう》があり、石棺の中から数多くの爛々と光る目玉が這い出てきては、とぐろを巻いて襲ってくる、という物の怪の話だったが、子供を脅かすには充分である。夜には怖さのあまり厠《かわや》へ行けず、布団で寝小便をしてしまうほどであった。そのような物の怪の話も、大人になった今では、ただの爺さまの与太話として笑いながら聞き流してしまうことだろうが、今宵はその話の場所を通って帰らなければならないのである。さすがに大人になった祐庵でも、少し薄気味悪さを感じていた。

（いやいや、物の怪なんぞ本当にいるわけがなかろう。もし本当にそのようなものが現れるなら、ひと目見てやりたいものだ。いざとなったら、日頃鍛えている柔法でぶん投げてやる）

しかし暗い上に一人ぼっちで、実のところ心細いのは間違いない。気を引き締めて先を急ぐことにした。

この時代には当たり前のことだが、街路灯などはない。暗闇の中を歩くのは様々な意味で危険と隣り合わせであったろう。ましてや人家もなく、すれ違う人など皆無の田舎道だ。暗闇から突然得体の知れない何かが出てきたら、どんなに肝の据わった者でも大概は逃げ出すか、腰を抜かしてしまうに違いない。

しばらくすると雑木林が見えてきて、小高い丘へと続く道が目の前に現れた。先程まで鳴いていた虫たちの声も何故か耳に入らなくなり、聞こえるのは草履を踏みしめる自らの足音だけとなった。不安が頭をよぎる。今更、元来た道を戻るわけにもいかない。提灯の蝋燭も残り少なくなり、使い切ってしまえば月明かりだけが頼りとなる。帰るどころか日が昇るまで立ち往生になってしまいかねない。覚悟を決めてこの小高い丘さえ抜ければ、見慣れた場所へとつながる道に出られるのだから、

（そうさ、早くここを抜けてしまおう）

祐庵は丘へ足を進めるのだった。

月明かりも遮る雑木林の中、提灯を手に、緩い坂をゆっくり登り始めた。

やがて……小高い丘の頂上辺りから話し声が聞こえてくる。大勢の声だ。

（何を話しているのだろう？　ここで村の寄合でもしているのか？　いやいや、ここに来るまで誰一人とも会っていないではないか。もしかして追いはぎ野盗の類なら……）

柔法で立ち向かったところで、大勢の野盗たちにとんでもない目にあわされる。

とっさに蝋燭の火を消し、雑木林の奥から恐怖を押し殺して、足音を立てぬよう、そろりそろりと声のする方に近づいてみた。林の隙間からそちらに、すぅっと視線を向けてみると、頂上付近には誰もいない。そこは雑木林が途切れたやけに広い野原で、石宮や石棺が蒼白い月明かりに照らされていた。

だが、まだ大勢の話し声がしっかりと聞こえてくる。そこで目にしたのは人ではなかった。

多くの猫が集まり、何やら話し合っていた。

三毛猫、きじ虎、白猫、黒猫など様々な猫たち、石棺を中心にぐるりと周りを囲み、数十匹はいるであろう。その石棺の中心に大きな図体をした赤毛の虎猫があぐらを組んで、ドンと座り込んでいる。大きな漬物石ほどはありそうなそいつが、猫たちの親方なのは間違いないだろう。親方は周囲を見回しながら口を開いた。

「クマ助はいるのか？」

すると大勢の猫たちの奥の方から、猫なで声で、

「は～い、親方。ちょっと前に着いたばかりでさあ」

そろりそろりと出てきたその猫は、黒猫で、首の下に白い三日月の模様、自分の家で飼っている猫に瓜二つ、いやいや似ているどころか、自分の家で飼っている猫ではないか。

クマ助と呼ばれている猫は親方猫の前に、ちょこんと座り、上目遣いでこう言った。

「いや～実は、晩飯が熱いオキリコミだったので、熱いったらありゃしないんでぇ。いつもだったら親父さんが、ふぅふぅしてくれて冷ましてくれるんだけど、戻ってこねぇもんで、食べるのに手間取って遅れてしまったんで……」

親方は、ぶふぅと息を吐き、にやりと笑い、切れ長の細い目でじろりと見ながら、

「そっきゃあ《そうか》。猫舌には容易《ようい》じゃなかったんべ。んじゃ、今夜も準備はいいかいの？　始めるとするかいのう」

と、石棺の上からひらりと降り、大きな蓋をズズッ……ズズッ、とその太い前足で押しずらした。すると石棺の中から、お囃子で使う篠笛や太鼓や当たり鉦《がね》やらが現れた。数匹の猫たちが楽器を手にするやいなや、

コンコンチキチキコンチキチー、ピーヒャラ、トコントンコトン、ピーヒャララー。

お囃子の調子に乗って、猫たちの八木節に似た、ユーモラスな踊りが始まったのである。クマ助は篠笛を一心不乱に吹いている。なかなか様になっているではないか。あまりに楽しそうな雰囲気だったので、しばらく踊りを覗いていた祐庵だったが、はっと我にかえり、猫たちに知られぬよう、そっと野原から、家路についた。

さて、猫たちに見つからず家に着いた祐庵は、女房に帰宅が遅くなってしまった理由を話した。長次郎の娘がひどい食あたりで治療に手間取ってしまった、と。それだけで帰りに出会った猫のお囃子については語らなかったのである。

女房は晩飯の支度を始めた。

祐庵は囲炉裏に掛けてある鍋の中身をそれとなく訊ねてみた。

「今晩はオキリコミかな?」

「あら、あんた、蓋も開けていないのに、よく分かったんね」

「あっ、うんうん、そんな気がしてな……。そういや、黒はどうした? 見当たらねぇけれども」

「さあねぇ? 夕飯食べて、どっか遊びにでかけたよ」

明日の晩飯は、ふぅふぅして冷ましてやるんべぇかのぉ《やろうかな》——と思う祐庵であった。これから秋が深くなり、赤城からの北風が丘を吹き下ろしてくる頃には、風に乗って猫囃子が聞こえてくることだろう。

この話に出てくる丘は「猫山」と呼ばれ、実在した場所である。明治の末頃になると、石宮には猫観音様が祀られ、神楽殿もあり、祭りが行われていたそうだ。だが、その後、猫山は猫捨て山となり、六十年ほど前には石宮もなくなってしまったという。

現在は大手運送会社の支店となっており、跡形もない。

（注）……古墳時代の古墳から掘り出されたか、盛り土が崩れて露出したものと思われる。

紅蓮の中で

「そうだねぇ。あの日は朝からなんか警戒警報がひっきりなしに流れていたんだよね……」

と、隣町の御婦人Sさんが語り始めてくれた。

一九四五年八月五日、前橋市街地は真夏の暑さの中、いつもよりも静かな時間が流れていた。数週間前より空からばら撒かれたビラに、空襲予告の都市として前橋市も記されていたからである。Sさん家族はその日、空襲を危惧して街から離れた親戚の家に集まっていた。両親と弟との四人で荷物を背負い、利根川に架かる利根橋を渡った頃には全員汗びっしょりだったそうだ。

親戚の家では井戸で冷やした西瓜を振舞ってもらった。Sさんは利根川の流れを見ながら、空襲がありませんように、と祈っていた。

夜になり、昼間の疲れもあってか、弟と二人、蚊帳の中でぐっすり寝ていると突然、警戒警報が鳴り響き始めた。両親と親戚が家から飛び出して空を見上げると、東の空から爆音が聞こえてきた。すると今度は先程の警戒警報ではなく、空襲警報が鳴り響き、暗闇の中、爆撃機B－29の大群が襲来した。すぐに叔父が、「利根川の防空壕へ避難しなくては」と言い出し、荷物はそのままにして急いでSさん家族を連れて移動を始めた。

Sさんは防空壕へ向かう道中、空から降り注ぐ焼夷弾が夏の花火のように見えて、恐怖よりも、綺麗だな、と感じていたという。

父親は降り注ぐ焼夷弾の雨の中、Sさんと弟の手をしっかりと握り、

「大丈夫、大丈夫……」

と呟きながら河原への道のりを急いだ。

親戚の家から河原までの距離はそれほど遠くなかったので、何とか無事にたどり着いた。目指す防空壕は崖の中腹にあり、既にほかの避難者たちがいた。

十数人が暗くて狭い壕の中で肩を寄せ合い、誰もが利根川の向こう岸に広がっているであろう紅蓮《ぐれん》の炎に恐怖した。まさにこの世の地獄が目の前で繰り広げられているのである。

そのような状況の中、Sさんは突然、前橋の街や自分の家が心配になって、壕の出入り口へ向かい、外の様子を覗こうとした。

すると壕の出入り口の外側にボロボロの黒い着物をまとい、網代傘《あじろがさ》を被った身体の大きな托鉢の坊さんが、こちらに背を向けて立っていた。大声で経を唱えている。坊さんは燃

え盛る炎の熱気が防空壕の中へ入らぬように、壁となって遮ってくれているようだったという。Sさんが外の様子を見たくて坊さんの横から顔を出そうとすると、突然坊さんは彼女の方に顔を向け、蛇の目のような鋭く光るまなざしで話しかけてきた。

「娘よ、中に戻りなさい、お前は地獄を見てはいけない」

そのとき、Sさんは（そうだ、皆の所に戻らなきゃ……）と我にかえり、慌てて両親と弟のもとに戻って、父親にしがみついた。その後も経を唱え続ける坊さんの後ろ姿を見つめながら、Sさんはいつの間にか眠ってしまった。

翌朝早く、目を覚ましたSさんが防空壕の外へ出てみると、あれほど活気にあふれていた前橋市街地が辺り一面焼け野原となり、遠くの方まで見渡せるようになっていた。Sさんは言葉を失い、身体が激しく震え出したそうだ。

子供心に、これから自分はどうなってしまうのだろうか、と思いつつ、泣きながら母親のもとに戻った。泣くうちに昨日の坊さんの様子が気になって、

「おかあちゃん、昨日のお坊さんは大丈夫だったの？」

と、母親に訊ねてみた。

「お坊さん……？」

「そうだよ。ずっと出口の前に立っていたじゃない」

するとと母親が憔悴しきった顔で答えた。

「昨日の騒ぎの最中にね、防空壕の上にあった大きな木の枝が折れて、出入り口を塞いでくれていたんだよ」

その枝のおかげで空襲の熱気から守られたのだ、と聞かされた。

父親は爆撃によって焼けた前橋の町並みがどうなったのか、叔父と一緒に様子を見にいったそうだ。が、黒焦げになった人々の遺体や、灰と瓦礫の中、必死に家族を捜している者、泣き崩れている者などを目の当たりにして言葉も出なかったそうである。しかし、かろうじて焼けずに残った建物のひとつ、カトリック教会前でお祈りをしている老人の姿を見たときに、家族や親戚たちが生き残れたことを心から神に感謝したという。

Sさん自身も利根川の防空壕で生き残れたことは、あの坊さんのおかげだったと、話してくれた。

前橋空襲は八月五日の二十二時三十分に始まり、一時間三十分以上の攻撃が行われ、木造家屋の多かった前橋市街地は焦土と化した。尚、この当時、自宅に防空壕を備えていた家もあったが、その多くの人々は凄まじい空襲に耐え切れず、亡くなったそうである。

追霊

小学四年生の夏休みのある日、同級生のI君の家に朝からおじゃまして、昼時の心霊番組を二人で見た。見終わったとき、

「そんなに怖い話が好きなのかい？　それなら……」

と、I君はお父さんから聞いたという話を語り始めてくれた。その当時、彼のお父さんは国鉄（日本国有鉄道。現在、群馬県はJR東日本）の列車運転手であった。若い頃に職場の先輩たちから聞かされた話なのだという。

JR上越線という路線がある。これは、群馬県高崎市の高崎駅から新潟県長岡市の宮内駅までを結ぶ鉄道路線で、怪談でもよく登場するみなかみ町の土合《どあい》駅が有名であるが、今回の話はそこではなく、昭和の初め頃の国鉄、新前橋駅から渋川駅区間での話である。

初冬の昼間、大勢の乗客を乗せた電気機関車の車両がゆっくりと新前橋駅のホームを発車した。小春日和の日で、客車内は思ったよりも暖かく、窓を開けている者が大勢いたそうだ。背もたれは木製の直角ボックス席で、すぐに疲れてしまいそうだが、窓から吹き込

む風のおかげで、思いのほか乗り心地はよかった。

走り始めてしばらくすると、隣駅の群馬総社駅《ぐんまそうじゃ》へ向かう区間の途中で、急ブレーキが掛かり、網棚に乗った荷物が勢いよく棚から落ちた。

何事かと、乗客の男子学生が車窓から身を乗り出して、先頭車両の方を見てみたが、事故があった様子はない。少しして車両が動き出し、学生が椅子に座ると、向かい側の席に座っていた女性が、突然悲鳴を上げた。

学生はその声に驚き、何が起きたのかと女性を見た。彼女の視線が自分の横の方に釘付けになっている。学生がそちらに目を向けると――。

彼が先程身を乗り出した窓の外から、土気色の手が窓枠を掴んでいた。

学生も女性と一緒になって悲鳴を上げた。

なんと、走り出して速度を上げている列車の窓の外に、手拭いを被った老夫がいたのである。ひょっとこのように口を尖らせたり、泣いたり笑ったりしながら、列車と並走しているではないか。やがて窓枠から手を離すと、走りながら肩を左右に動かしたり、前傾姿勢になって前後に腰を振ったり、身を屈めたりする。その姿と仕草はまるで、ドジョウすくいでもしているかのようだったという。

その後、老夫は列車の下へ、すぅっと消えてしまった。

やがて群馬総社駅に到着したのだが、車内にいた乗客たちの多くが、同じものを目撃していて、大騒ぎになったそうである。

また、夕暮れ時に渋川駅より新前橋駅への上り方面で、客車の最後尾にいた車掌が窓から後方を見ると、青白く光る女が列車に駆け寄ってきたことがあった。その女は頭部を除いた全身にボロボロの包帯を巻きつけており、顔は真っ白で、長い髪を振り乱していた。車掌が仰天しながらも様子を見ていると、女は無表情で両腕を大きく振り、何かを叫んでいたという。凄い勢いで線路を走って列車を追いかけてきたが、車掌が（あと少しで追いつかれる！）と思った瞬間、霧のように消えてしまった、とのことである。

このように上越線の開通当初には、幽霊が列車を追いかけ回す現象が何度も目撃されていたそうだ。線路の一部が墓地を潰して開通したからだろう、と言われている。

なお、この話の現場周辺は、戸神重明 著『群馬百物語　怪談かるた』の「七十六、ムジナかな　線路の前に　座る人」の舞台でもあるので、興味深い。

参考文献
『利根西の民俗』前橋市教育委員会　編（前橋市）

忘却遺産

群馬県と言えば、世界遺産にもなった富岡製糸場が有名ではあるが、実は新前橋駅の北西に、群馬社という日本最大規模の組合製糸工場が存在した。昭和二年設立で、絶頂期には千人以上の従業員が働いていたそうである。だが、昭和恐慌により繭の価格が暴落して経営は傾き、大久保社長は自殺、昭和十七年に解散となった。その後、工場は売却されたが、太平洋戦争末期の前橋空襲により跡形もなくなってしまった。そんな群馬社が歴史の中でも語られないのは、関連する遺産が少なすぎるからなのだろう。

さて、この群馬社の跡地に実は、自分の実家がある。もともとは、自分の祖父が太平洋戦争時代に満州へ渡り、満州鉄道の関係する広告代理店にて、デザイナーとしてポスターやイラストを描いていた。当時としてはかなり最先端の職業であったと思われる。そんな祖父も家族と共に無事日本に戻り、終戦後は長野県の旧軽井沢で、〈軽井沢彫り〉の家具製造業を始めたそうだ。現在も実家に当時の家具が現存している。

かねてから祖父は絵やデザインを得意としていたため、軽井沢に住む欧米人相手にオリエンタルなデザインの家具は売れると、目をつけて始めたのだが、思惑通り外国人には非常に好まれ、よく売れたのだと子供の頃は聞かされていた。

住居兼工場としていた建物は、戦争前にドイツ人の別荘だったとか、その後は当時の大臣の住宅だったとか、父親や叔父から聞いたことがある。どこまで本当か、分からないけれども……。

そんな家だが、確かに木造トラス構造の骨組みで、外壁は鎧《よろい》張《ば》りの珍しい建築物と思われる。建築家のアントニン・レーモンド（高崎市に現存する〈群馬音楽センター〉の設計者）のトラス構造建築に、ちょっと似ているので気になるところだが、現在では築年数も分からないほど、年月が経っているので、傷みも大分激しく、現存しているのが奇跡と言えるだろう。

終戦後、祖父は前橋に広い土地が売りに出されているのを聞きつけ、昭和二十年代後半には、この地に住宅を移築して、看板やショーケースを制作する事業を始めた。

さて、時は流れ、この家に三人の孫が生まれたのだが、その三兄弟の次男が自分である。幼い頃は、兄弟そろって祖父の隣で、小学生になる前まで就寝していた。そんな幼少の頃に見た、今でも忘れられない夢の話をしたいと思う。

実家は、二階建ての住宅で、一階が工場となっており、家族全員が二階で寝ていた。ある蒸し暑い夜、ぐっすりと寝ていた自分は、夢の中で突然鈴の音を聞いた。風鈴のような音色が、非常に心地好い。その音色に誘われて、祖父の部屋の障子を開けて廊下に出ると、暗闇の中に畦道《あぜみち》が続いている。

家の中で畦道というのもおかしな話だが、怖いながらも身体は涼やかな優しい鈴の音色に抵抗できず、ふらふらと歩み進める。すると道の先に、いつもの実家の階段が現れて、その階段をゆっくりと一段また一段と、階下へ下り始めるのだ。

階段は十三段で、下りきると、そこにはなんと、赤いよだれ掛けをした、お地蔵様がいる。鈴の音は、お地蔵様から聞こえてきていた。すぐ近くに小川が流れていて、そこから先はより濃厚で深い暗闇が広がっている。子供ながらにこれ以上進むのも、ここにいてもいけない、と感じるのだが、身体が金縛りにあったように動けなくなり、引き返すこともできない。

しかしそこへ階段から下りてきた母親が現れて、

「怖くないよ。もう大丈夫だから帰ろう」

と、抱きしめてくれる。

そこで夢が終わるのである。

二十歳を過ぎてからあるとき、兄弟に何となくこの話をしてみると、兄も弟もはっとした顔をして、二人とも「同じ夢を何度も見たことがあるんだ」と驚いていた。それまで、この夢の内容は、兄弟同士で話したことがなかったので、不思議なこともあるものだな、と当時は思ったものである。弟なんぞは、夢遊病の気があったらしく、実際に歩いて階段を下りてしまい、そこで動けなくなって目が覚めたことがある、とも言っていた。

そんな夢体験も時が経つにつれ、兄弟の話題にも出てこなくなり、数年が過ぎた。

さて、祖父の事業は父親へと代替わりして、のちに次男の自分が仕事を継いだ。その後、自分が実家の隣に家を建てることになる。平成十六年のことだ。

その際、ショベルカーにて土地の造成作業中に、群馬社の外壁の基礎が出てきた。

空襲によって跡形もなくなった歴史の遺産が発見されたのだ。群馬社の歴史はそれまで、聞いたことはあっても関心がなかったのだが、忘れられた歴史の亡骸を目の前にして、ふつふつと興味が湧き始めた。だが、近所の歴史に詳しそうな人たちに訊ねてみたものの、多くは終戦後に他の地域から移住してきた住民なので、なかなか群馬社の情報を得ることはできなかった。

そんなとき、隣町に住む、自分が所属している消防団の長老に、たまたま話をしてみると、思わぬ収穫があった。

戦中までは群馬社の近くに農業用水が流れていて、〈群馬社の川〉と呼ばれ、鯉やナマズ、鮒などが捕れたとのことである。しかも、その川岸の石垣付近に「確か、お地蔵様があったと、聞いたことがあるよ」と話してくれた。

もしかすると夢に出てきたお地蔵様なのだろうか？　そして例えば「ここから出してくれ」というメッセージを夢によって、自分たち兄弟に伝えたかったのだろうか？　いつの日か、この実家が朽ちて解体されたときに、夢で見たお地蔵様が見つかり、答が出るのかもしれない。

悲しいかな、群馬社と同様に、〈忘却遺産〉となるのであろうが……。

そのような土地に我が家は建っているのだな、と思うと、旧家とまでは言えないが、我が実家を残せたら嬉しい、と、つくづく考えるのである。

参考資料

前橋東地区応援メディア　あずまある　https://azuma-ru.com/

吉田知絵美《よしだちえみ》

群馬県高崎市在住。「高崎怪談会」四度出演。「みのわの里のきつねの嫁入り」初代きつね姫。箕輪城語り部の会会員。箕輪城ふれあい市の会会員。関東の戦国史に興味あり。地元戦国武将、長野業政・業盛父子を歌ったCD「きつね火の箕輪城」、埼玉県さいたま市岩槻区ゆかりの武将太田資正《おおたすけまさ》を讃えたCD「資正讃歌」の作詞歌唱を担当。日曜日毎に箕輪城跡で開催の、ふれあい市では箕輪城オリジナルグッズプロデュースを手掛ける。

箕輪城奇譚《みのわじょうきたん》

これより、お話しさせていただくのは、五百年ほど前の戦国時代、群馬県高崎市箕郷町《みさとまち》に築城された、箕輪城の落城にまつわる話である。

箕輪城の築城は、箕輪長野氏によるものとされており、中でも有名な城主は長野業政《ながのなりまさ》（業正）である。あの甲斐国《かいのくに》（現在の山梨県）の大物武将、武田信玄に城を何度も攻められ、その度に撃退したと伝わる、地元ではよく知られた戦国武将だ。某天下統一のパソコンゲームでは、上野国《こうずけのくに》（現在の群馬県）にいるチートじい（桁違いの能力をもったじいさん）として幅を利かせているらしい。

永禄四年（一五六一年）、業政は病にて、この世を去ることとなる。業政の死を知った武田信玄は、大いに悦《よろこ》んだと『箕輪軍記』は伝えている。嫡男の長野業盛《ながのなりもり》が跡を継ぐが、ついに永禄九年（一五六六年）、箕輪城は武田信玄に攻められ落城する。

ここから先は、過日行われた「高崎怪談会22」及び、「同23」で語らせていただいた内容となるが、箕輪城落城にまつわる伝承に肉付けして、実話怪談というジャンルを踏襲した歴史怪談に仕上げたものだ。

第一話　木部姫《きべひめ》　龍伝説

落城を　知りて女は　水濡れて
　眺むる湖《うみ》に　身を沈めけり

今より、四百五十年ほど前、ここは伊香保沼《いかほぬま》。今でいう榛名湖《はるなこ》。長月《ながつき》、九月の湖は、夕陽を抱え、静かな佇まい。やがて陽が山に、ごくりと飲み込まれるかのように沈むと、辺りは全ての時を止めてしまったかのような、静寂に包まれる。

「あれは、我《われ》が逃げ置きし城より昇る煙であるか」

木部姫は静かにそう言った。眼下に見える、辿って来た道のその奥に、城が燃えていた。

城の名を『箕輪城』と――。

秋空は乾いていた。城より抜け出す小径《こみち》は、城主以下限られた者のみの知る、秘められたものだった。

隧道《ずいどう》の造りで、水路も兼ねている、その小径を木部姫たち一行は、水に濡れる覚悟をし、裾をたくし上げ進む。

　頭をよぎるのは、悪《あ》しきことばかりだ。数年前、城主である長野業政が亡くなると、まだ若過ぎる嫡男、業盛が城を任される。が、それを知った隣国（当時）の将、武田信玄は、今とばかりに攻め立てた。上野《こうずけ》の城は次々に攻略された。

　姫の嫁いだ先の木部城も例外ではなく、姫とその夫である木部範虎《きべのりとら》は、姫の生まれ育った箕輪に逃げ延びた。しかし、この箕輪も今や風前の灯《ともしび》である。

（水にまで、見放された気がした）

　榛名の山は、雨の神が棲む山。雨も水も恵みであり、幸運の合図でもあった。特に木部姫にとっては……。幼き頃、榛名神社を詣《もう》でた時のことだった。境内を流れる榛名川の真上を、その川幅より大きな五色の龍が轟々《ごうごう》と音を立て昇り、九折岩《つづらいわ》に巻き付いた。空からは、姫めがけて、鱗のような水滴が踊るように降り注いだ。巻き付いた龍は、仲間の龍を呼び、次に風となり、関東に吹き荒れた。御神体と言われる御姿岩《みすがたいわ》は、閉じたまぶたを見開いて、姫を驚かせた。

　その時、姫に付き添っていた腰元の久屋《ひさや》は（姫はこのまま榛名山の一部になってしまうのではないだろうか）と不安になった。なぜなら、空は晴れているのに、姫の頭上にのみ雨が降り、姫を中心に風が起こっていたからだ。

それ以来、姫には雨を自在に降らせる力が、身に付いたかに見えた。嫁いだ先の木部の地は、雨乞いで有名になった。

「木部姫様が、笑ってらあ。今年も稲が良く育たい」村人が、そう話す声が聞こえた。

平和と実りと潤い。ひとたび、戦となれば、それらは薄氷のように砕ける。火薬の臭い、さまざまな物が焼ける臭い、砂埃、敵に囲まれた箕輪城。息苦しくて堪らなかった。姫の雨を降らせる力も、今ここに及び遂に途絶え、それは姫をひどく不安にさせた。貝のように固く閉ざした城の守りにも、ほころびが見え始めた。今夜は持っても、明日は分からない。城壁を乗り越え、敵の矢が雨の如く降る。それでも、若き箕輪城主長野業盛は、城を開く気になどならないと、箕輪に籠もる皆が知っていた。

姫の夫である範虎は、姫に城を脱するよう命じ、姫はそれに従ったのだった。宵闇の伊香保沼は、衣擦《きぬず》れが響き、息をする音が聞こえるほど静まりかえっていた。遠くから城の燃える音まで、聞こえてくるようだ。

「この山を越え、先を急ぎましょう。姫様」腰元の久屋がそう言った。姫は動けずにいた。両の目から涙がぽろぽろと落ちる。久屋はその涙を（あの時、榛名神社で見た虹色の雨のようだ）と思った。

すると、突然、姫の周りに風が巻いて、木々を揺らした。

『もっと、もっと、強く吹け。すべてを、薙ぎ払え。正も邪も、薙ぎ払え』

大風の音に混ざり、姫の声が聞こえた気がした。あまりの風に、お供の者たちは身を屈《かが》め、手で頭を被った。しかし久屋だけは違った。目を開けて、姫を見失うまいと考えていた。確かに久屋は、姫が湖にその足を入れるのと同時に、人の身体を『このように小さき身体、不自由』とばかりに湖に脱ぎ捨てて、巨大な龍へと変わるのを見た。

「ひめさまあああ」

久屋はそう叫んで、ぬかるんだ湖に入って行った。泥と水を掻き分け、姫の脱ぎ捨てた人の身体の部分に追い付き、しがみ付いた。姫の脱け殻の肉体と、それにしがみ付いた久屋は、湖の深い所に沈んでいった。

後《のち》に、人は、姫は龍に、腰元の久屋は蟹になった、と伝えた。

現在も、榛名湖畔に静かに佇む、御沼䨮神社《みぬまおかみじんじゃ》の境内には、木部姫の供養塔、腰元久屋の供養塔が、並立している。

ある日私（吉田）は、木部姫に会いたくなり、榛名湖へ向かった。御沼䨮神社の見える駐車場に着いたのは夕方であった。車中でぐずぐずしていると、すぐにあたりは漆黒となった。

　神社の先は湖である。龍になった木部姫を呼んでみると、ほの白く光を湛え、湖から揚がって来てくれた。乳白色の、人のそれよりは硬そうな、しかし、ぶよぶよした感じの皮膚をまとって、腰より長い髪を結っているのだが、その髪は頭からだけではなく、背骨にそって生えているため、背ビレのような格好で身体に貼り付いていた。

「これが背ビレに見えるから、白い大きな魚に間違えられるのよ」と笑っていた。

　私は、なるほど、龍というのは人魚のようでもあるのだな、と思った。

第二話　怒り仏と業盛《なりもり》

春風に　梅も桜も　散り果てて
　　名のみぞ残る　箕輪の山里

箕輪落城が、目の前に迫っていた。敵に降《くだ》る選択肢はない、覚悟は決まっていた。室《しつ》である藤鶴姫《ふじつるひめ》、まだあどけない亀寿丸《かめじゅまる》を、家臣たちが上手く逃がしてくれているはずだ。箕輪長野家はここで潰《つい》えよう。しかし、先への望みはきっとある。家臣に防ぎ矢を任せ、持仏堂に籠もり、先祖の位牌を拝み、若き城主長野業盛は自刃した。

戦後の処理は滞りなく進み、新たな城代を迎え、城下は日常を取り戻してゆく。旅僧の法如《ほうにょ》は、新たな城代に願い出て、城を枕に果てた業盛の亡骸を譲り受け、井野川左岸の大円寺《だいえんじ》（現在の高崎市井出町）に葬った。

いつの頃だろうか、街道整備に伴って、村がまるごと、東に移った。寺も移ったが、業盛の墓は河原のそばに置かれたままになった。石塔は、草に被われた。業盛の墓がいつから『怒《おこ》り仏《ぼとけ》』と呼ばれるようになったか、定かではない。土地の人は、「敵の地である、甲府を睨んで怒っている」と言った。「怒りに触れれば祟りが起こる」と。ある日、転げ落ちてしまった石塔の頭の部分を元に戻した男が、数十メートル先で倒れ、重い病を患ったらしい。

その後、怒り仏は大正と平成、二度の整備を経て現在に至る。平成の整備においては「怒り仏では、業盛公も浮かばれめえ」と平仮名で、『なりもりぼえん』と名付け、周囲の箕輪城、長野氏ゆかりの寺の住職を、宗派の垣根を取りはずして集まり、法要を執り行った。今でも、有志の方が心を尽くし、花木を手入れし環境を整えたり、交流ノートがあったりと、悪しき雰囲気は感じられない。

ただ、こんな話を聞いたことがある。私の知人が『なりもりぼえん』に入った途端、携帯電話が誤作動を起こし、シャッターが切られる音がするので、画像を確認すると画面全体に〈赤〉の色が記録されていた。墓にカメラを向けると、そこに映ってはいけない何かが映っていたので怖くなって、慌てて消したという。

何が映っていたのか訊ねたが、ついぞ教えてはもらえなかった。

今も、怒り仏は、甲府を睨んでいる。

第三話　かぎり坂と藤鶴姫

かぎり坂　越えて薬師を　拝《おろが》めば
守り刀で　藤の花散る

まだ歳若き姫は、夫との別れを惜しむ間もなく、お付きの者に守られながら城を抜け、先へ先へと歩みを進めていた。人目に付かぬよう、村人に身をやつしてはいるが、漂う気品と美しさは覆うべくもない。

姫は名を藤鶴姫《ふじつるひめ》といい、扇谷上杉《おうぎがやつうえすぎ》家という名家から、箕輪の長野業盛のもとに嫁いだ姫であった。

この頃の上野の地は山内上杉《やまのうちうえすぎ》家、武蔵の地は扇谷上杉家という両上杉家がそれぞれの地域を治めていた。しかし新たな勢力である、小田原北条家の台頭に耐え切れず、先ず武蔵扇谷上杉家の居城であった河越の城が小田原北条家に奪われた。城を取り返そうと、両上杉が力を合わせて城を囲んだものの、ついぞ取り返すことはできなかった。

そして、小田原北条家の勢いは上野国に及び、山内上杉家は居城である平井の城を追われ、長尾景虎（後の上杉謙信）を頼って越後国（現在の新潟県）へと逃げ延びていった。

空白地帯となった上野国で、藤鶴姫の義理の父である前箕輪城主長野業政は、主君である山内上杉憲政《やまのうちうえすぎのりまさ》が越後に逃れてもなお、希望を失わず、上野国を再び上杉家の世に戻したいと願い続け、病を得て床に臥す直前まで、大敵を引き受け戦い続けた。

ある年の六月、業政はまだ十四歳になろうかという嫡男の業盛を、その病床に呼び、「私が死んだら、一里塚のようにしなさい。塔婆を立てたり、葬式をしてはいけません。そして、敵に降参してはなりません。もし、運が尽きた時は、敵に打ち向かい、潔く討ち死にしなさい。それこそが、父に対する孝行です。それ以上の孝行はありません」そう言い遺し、上杉を再び上野に呼び戻せなかったことを無念に思いながらも、穏やかに、眠りについた。

それから五年。

周りの城が次々に敵の城になっていった。頼みの綱である越後の上杉家よりの使者は、なしのつぶてだ。（何が忠義だ。今更上杉になど義理立てて、なんとばかばかしい）心の中で藤鶴姫はそう思っていた。それに、あの遺言を思い出すと、余計に腹が立った。

刻々と業盛との間合いを詰める死神を、どうしたら振り払えるのだろうか。家の大事さが分かる上杉の血を引く姫だが、この時はただ愛おしい夫を案じる、一人の女であった。

ついに、箕輪一城落とすのみの段に至り、未だ義理固い箕輪長野家以下、他にも自らの城を追われた、上杉旧臣までもが命運を共にしようと、箕輪城に立て籠もった。

藤鶴姫と業盛の間には、亀寿丸という、袴着《はかまぎ》も終えていない、幼い男児がいた。

ある夜、「和田山極楽院に、亀寿丸様をお連れいたします。手筈《てはず》は整えてございます」と家臣が言うので、姫は亀寿丸を預けた。亀寿丸はよく眠っており、家臣に抱かれても目を醒《さ》まさなかった。後に無事、和田山に入ったと報があり、姫を安堵させた。(思い残すことはない。業盛様と共に果てよう)と姫は覚悟を決めた。

(なのに、何故ここを歩いているのだろう)

「越後の上杉を頼れ」と業盛は姫に告げていた。

(越後の上杉……)姫には、その存在も、その道のりも、果てしなく遠いものに思えた。

坂を上った丘の上に、薬師堂があった。ここに差しかかると姫たちの背後より、

「おーい」と呼びかける声がした。

後《のち》の世に人は、姫はこれを追手の声と思い込み「これをかぎりぞ」とこの地で自害したのだと伝えた。そして、誰が言うともなく、この坂を〈かぎり坂〉と呼び、手前の南方の坂を〈ひとこえ坂〉と呼び伝える。

しかし、姫に聞こえていた「おーい」は、敵の声でも味方の声でもなく、愛する夫、業盛の声だったに違いない。

薬師のいる瑠璃光の天上から、業盛が姫を呼ぶ声に聞こえていたのだ。

「お薬師様、どうぞ業盛様の処へ私を導いてください。オン　コロコロ　センダリ　マトウギ　ソワカ。オン　コロコロ　センダリ　マトウギ　ソワカ。オンコロコロセンダリマト……うっ……」そう言いながら、姫は胸を一突きにして果てた。

高崎市倉渕町三ノ倉《くらぶちまちさんのくら》。現在もこの場所に薬師堂と、藤鶴姫の墓がある。そして、戦国の昔より藤鶴姫の墓を守る二つの家が今も続いていると聞く。

この墓に、ひとつの怪異が伝えられている。

『悲運の姫の墓を穢すと鼻血が出る』と。

第四話　木部姫の井戸

いづことも　知らぬ大蛇に　血脈譜
　わたせばのちに　水や湧き出づ

「もうし。和尚様――。私に、血脈譜をお授けいただけませんか。もうし……」

若い女の声である。（血脈譜……お釈迦様からの教えを弟子から弟子へと伝えたその流れを血の流れに模して記したもの。戒名を授かる時にいただく）

ここは高崎市（旧群馬郡榛名町）下室田《しもむろだ》、室田山長年寺。ある夏の日、熱気のとれぬ晩であった。それでも昼の日差しのない分、幾分ぬるいが、湿った水気が肌にまとわり付く。陽が落ちてだいぶ経ち、床に就こうと支度も済んで、うつらうつらし始めた頃だった。（夢でも見始めたかな）和尚はそう思った。

トン、トン、トン。トン、トン、トン。

「もうし、和尚様。私に血脈譜を、いただけませんか。……もうし」

本堂の方で扉を叩く音がする。それに比べ、女の声はまるで頭に直接聞こえてくるかのようだ。

(はっはっは。あやかしの類かもしれないな)

トン、トン、トン。

「和尚様。どうか、お目通りを」

またしても女の声である。なにやら、ぞくぞくと寒気さえ感じた。

(はっはっは。これはこのように熱い夜にはちょうどよい)などと、強がってみたが、

(いや、はや、まいった。まいった)と根負けして、

「はい、今」

和尚は寝巻きに、薄物の羽織を引っ掛けて、本堂に向かった。

本堂の扉を開き、和尚は燭台《しょくだい》で女を照らす。女はたじろいだ。何歩か後ずさり、しゃがみこんでしまう。和尚はどうしたものかと、女の次の動きを待った。女が顔を上げる。青白いその顔はまさに、死者のそれだ。

「和尚様、どうか私に血脈譜を」

女の口は動かない。それなのに女の声は頭に響いている。

「お引き取りを」

和尚は冷静さを保ち、それを伝え、心の中で経を唱え始めた。女はさめざめと両の手で顔を被い、泣き出した。

「和尚、様。ど、う、か、血脈譜を」

頭の中に響く女の声。和尚は構わず本堂の扉を閉める。次の一瞬、先程まで、扉の外で泣いていた女が、本堂の中にいるではないか。さすがの和尚も肝を冷やす。後ずさるのは和尚の番となった。燭台が女を照らし出し、閉じた扉は女の影を映し出す。その影はとぐろを巻き、舌をちろちろと動かす大蛇のそれであった。

「どうか、話をお聞きくださいい。私は箕輪長野家、業政の四女でございます。箕輪落城の折、脱出しましたが、火に覆われた城を見て、伊香保の沼に沈みました。ところが、死にきれず、このような姿になってしまいました」

そう話す女の顔に、確かに見覚えがあった。箕輪城主、長野業政には、十二人の姫がいて、それぞれを周囲の城に嫁がせ、西上野の結束を図った。四女の姫は、木部に嫁いだ。

「これは、木部の姫様」

和尚がその正体を理解したためか、先程まで、おどろおどろしい大蛇と見えた女が、まるで春の雪解けの下から顔をのぞかせる福寿草のような、温かく懐かしい在りし日の姫に見え始める。

「さぞ、お辛かったでしょう」

思わずそう、声をかけていた。

「いえ、夫には逃げるように言われましたが、逃げることができませんでした。この鱗の姿には覚えがあります。元の姿に戻っただけなのかも知れません」姫は言った。

確かに生前の姫は、色白で涼しげな顔立ち、いつも水をまとったような潤いを感じさせる雰囲気があったが、（大蛇であったか）と和尚は得心した。

「私には、この後しばらくは、沼で祈りを続けていく定めがあるようです。神様のお使いになるには、いろいろと忘れて行かなければいけないのだそうです。しかし、私は地上で人として生きた数十年の記憶をなくしたくはないのです」姫はそう続けた。

ここしばらく続いた、戦乱でえぐられたこの土地の傷跡は深い。飢餓に流行《はや》り病、野垂れ死にした者も多い。この地の神々もさぞや心を痛めているだろう。姫は、土地を慰めるために、沼に入ったのかもしれない。

「それで、血脈譜がご用と言うわけですな」

「はい、無理を承知で参りました。和尚様も、よくぞこの寺を守ってくださいました」

「はっ、はっ、は。寺に手出しはしないという文言の札を書いてもらいに敵陣に行きましてな。それなのに、あやつら何度この寺を襲おうとしたか、そのたびにこう札を高く上げまして、『お侍様、どうかこちらをご覧ください。どうか、どうか』と。まあず、野蛮《本当に》でなんねぇ」

和尚の話に、姫は少し微笑んだ。和尚は続けた。

「まっ先に、書付をもらいに、敵陣に向かってしまったのでね、御城主様には申し訳なかったが、城には城の、寺には寺の役割がある。貴女に、貴女の役割があるようにね。長野家の菩提寺として、ここで城と共に潰えてしまう訳にはいきませんから」

仏門に入ったとはいえ、和尚にとって奪われたものが多過ぎた。姫がこの世の者ではないと分かっていても、

「姫様。お目にかかれ、ようございました」と本心からの言葉であった。

「血脈譜、ご用意いたしましょう」

和尚は庫裡《くり》に向かう。そこで木部姫のために血脈譜をしたため、本堂に戻る。

姫の姿はもう、そこにはなかった。

翌朝、境内にこんこんと、清水が湧き出《い》で、後《のち》に人はそれを〈木部姫の井戸〉と呼び、またこの場所と榛名湖は繋がっているのだと言った。

第五話　榛名湖の双龍

ぬばたまの　黒髪ぬらす　伊香保沼
　空を仰げば　双龍の雲

箕輪城が落城したのは、以前は永禄六年（一五六三年）二月と言われていた。それが、永禄九年（一五六六年）九月二十九日と変わったのは、長年寺で『受連覚書《じゅれんおぼえがき》』という文書が発見されたところによるものも、大きかったようだ。その覚書は寺を守るために、僧の受連が敵陣に赴いて制札をもらいに行ったこと、その時の周囲の様子などを伝えている。

木部姫の井戸の伝説は、木部姫が大蛇になって長年寺に行くというストーリーで伝わっているが、年代から考えると長年寺にいた僧は、この受連であったのではないだろうかと、歴史と伝承が結び付く。

さて、木部姫の榛名湖入水が、箕輪城落城の永禄九年として、その翌年の永禄十年（一五六七年）のこと、武蔵国蕨城《むさしのくにわらびじょう》（現在の埼玉県蕨市）、ここに渋川義基《しぶかわよしもと》というお殿様がいて、この渋川公が戦死すると、奥方がやはり、榛名湖に来て身を投げ、龍になり、腰元は蟹になったそうだ。

一昨年（令和二年）の十二月、その蕨城と、渋川義基公とその室の竜体院殿の墓所である金峰山《きんぷさん》宝樹院《ほうじゅいん》に行ってみた。寺の案内板には『宝樹院殿（渋川公）・竜体院殿の石碑は、江戸時代後期の文化十三年（一八一六年）に、渋川公夫妻の二五〇年忌に渋川氏家来の子孫によって造立されたもの』とあったが、寺の脇の一段高くなった広々とした場所に二つ並んで墓が建てられていた。背の高い木が周りを囲んでいるが、光がよく入る明るい雰囲気であった。手を合わせていると、確かに龍の気配がした。優しい風が挨拶に来るのだ。

戦国時代の激しい戦い。人が人を敵と呼び、人を殺《あや》め、家を潰していく時代である。榛名湖に沈んだ姫は、そんな悲しい現実を、慰める役目があったのだろうか。群馬では木部姫が、埼玉では渋川夫人がその伝説の主人公になった。

榛名湖畔にある御沼龗神社、ここには蕨城渋川夫人の顕彰の碑が、木部姫、久屋の供養碑と共に佇んでいる。

龍になったのは、木部姫なのか、渋川夫人なのか。それとも……。

双子の龍であったりはしないだろうか。

船尾山《ふなおさん》炎上

プロローグ

夢を見た。そこは、我が家から歩いて十分以内。桑畑と山からの小川を越え、その先に現れる山の中の寺院である。これは夜に見る夢の話であるから、現実には、そこに寺院はない。強いて言えば、上信越自動車道の工事に引っ掛かり移動した我が家の墓所があった辺りまでは、現実と同じ風景の場所を歩くのだが、そこから先が現実にはない巨大寺院へ続いている。石畳が敷かれて整えられた参道、両脇には背が高く幹の太い杉の木立。山の地形を利用しているため、勾配があり、中門から中庭を廻る回廊には階段が付いている。

話は変わって、群馬県北群馬郡吉岡町、〈船尾瀧〉。榛名山の東の麓にある瀧だ。その落差は約七十二メートル、遊歩道を十五分ほど、四季折々の自然を体感しながら登ると、瀧の前に出ることが出来る。断崖を流れ落ちる水は白く長く美しい。まさに名瀑《めいばく》である。日本酒を嗜む方にとっては、柴崎酒造〈船尾瀧〉でなじみ深いかもしれない。

この船尾瀧の〈船尾〉は水の上を進む船に、尾っぽの尾で〈ふなお〉と読むのであるが、吉岡町の案内を読むと、『昔、この一帯は入山を許されない神聖な場所だったとされており、船尾は不入《ふにゅう》の当て字であると言われています』とある。

『船尾山縁起』という、古い書物に伝えられるところによると、この不入の地には、かつて〈船尾山　東覚院《とうかくいん》　楊沢寺《ようたくじ》〉なる、巨大寺院が存在した。弘仁六年（八一一年）、伝教大使最澄が、群馬太輔満行《くるまだいふみつゆき》の援助を受け、船尾瀧のそばに建立したのだという。

この寺は、今は跡形もない。寺は今より九百三十年ほど前の平安時代、寛治七年（一〇九三年）、千葉常将《ちばつねまさ》（平常将《たいらのつねまさ》）の軍勢の攻撃により、灰燼《かいじん》に帰したのである。

これより先は、この『船尾山縁起』によるところの、千葉常将を軸に物語していきたい。

天狗

卯月（四月）二十日は、門前の村での祭りであった。そこで、千葉常将の大事な一人息子、相満《あいみつ》若含め、七十五名あまりによる稚児舞が奉納された。

そろいの仕度を身にまとった、まだあどけない子供たち、まさに神の使いか、仏の使いか、その純粋無垢ないでたちに、大人たちはうっとりと目を潤ませて、囲い観ていた。

笛が歌うのを止め、神の使いと見えた子供たちに、安堵の表情が見え、しばしの休憩という時。船尾山から、巨大な団扇《うちわ》を振り下ろしたかのような大風が吹いて、先程まで舞台を飾っていた幣束《へいそく》が、宙高く舞い上がり、舞台の板張りの床を鳴らした。と思うと、真っ黒な雲の塊がまるで、とてつもなく大きな蜘蛛のように太陽にしがみ付き、辺りは暗黒に包まれた。上空に閃光が現れ、高下駄に黒い翼、顔は赤く鼻の高い天狗が舞い降りてくる。

「これは、まずい」船尾山楊沢寺の座主は、先程まで目を細めて舞を眺めていた表情を一変させ、法衣から速やかに腕を出し、印を結ぶ。黒雲が散り始めた。が、時すでに遅し。天狗は先程風を起こした羽団扇《はうちわ》を帯に差すと、相満若を両腕で抱え飛び立ってしまった。もう二人は、昼間の星のように見受けられるのみであった。

『船尾山縁起』

話を戻そう。

千葉常将は、もとは平常将と名乗っていたが、父、平常忠《たいらのつねただ》が朝廷に対して反乱を起こし、敗れて降伏の後、病死した。父、常忠の首は京で晒されている。だが、息子の常将は罪を許され、下総国《しもうさのくに》（現在の千葉県）に住み、千葉常将を名乗った。

『船尾山縁起』によると、千葉常将夫妻には、子供がなかった。上野国《こうずけのくに》（現在の群馬県）船尾山楊沢寺の千手観音、十一面観音の霊験あらたかなことを耳にして、遠く楊沢寺まで参じた。妻と共に祈願すること百日、ついに子種を授かった。玉のような男の子が生まれ、『相満』と名付けて可愛がった。

相満若の成長は、光陰矢の如し。五歳を過ぎ七歳を過ぎ、早くも十歳になろうという頃、

「相満よ。そなたもそろそろ十歳であるな」常将は相満若を呼び、そう言った。

「はい、父上」

「学問は楽しいか」

「はい」

「そなたのことを皆、よう褒めておる」

相満若は恥ずかしそうに俯く。常将はそれを見て、目を細めながら続ける。

「皆、相満を褒めてなあ、もっと学問を本格的に身に付けさせてやるべきだ、とこう言いおるのじゃ。どうだ、相満よ。どこぞの寺院で学問をやってみたいか？」

相満若は、答えに窮した。（もっと、たくさんのことを学んでみたい）しかし、父親が本当は自分を遠くへやりたくない気持ちを相満若は分かっていた。

「相満よ、優しい子だ。わしは大丈夫じゃ。寂しくないぞ。わしは、知っておるのだ。も

っと学問がしたいのであろう？」

そういうことで、常将は相満若を、船尾山に預けることにした。相満若の才器は、ことの外優れ、一字を習えば、二字を覚え三字を覚え、学び残すことなく覚えた。また、相満若のその容姿は秋の月の涼しさ、その立つ姿は春の花の可憐さ、相満若と対面すれば、恋をせぬ者はいない、という具合であった。そういうわけで、相満若を一目見ようと、寺を訪れる人が絶えない有様であった。常将は千葉の館でそれを聞き、相満若を一層、誇らしく思い、寺への寄進も一層弾んだ。ふもとの村は、色めき立ち、花の咲き誇るが如しであった。

稚児舞

卯月二十日は村の祭りで、山門で学ぶ子供たちも、その日は山を下り、村の子供たちと合わせて稚児舞を奉納するのが習わしであった。ここで相満若が忽然と姿を消したのは、前述の通りである。

寺の使いが、三日かけて千葉の館に辿り着き、常将にその旨《むね》を伝えた。

「なに？　稚児舞の最中に？　白昼堂々、皆が見ておる前で、相満が消えたと申すか！」

「はっ。突然、冷たい風が吹き、黒い雲が湧き上がり、夜の闇が訪れたかのようでした」

寺の使いは申し訳なさそうに、声を落とした。

「天狗の仕業であるかと……」

「て、天狗だと」

「はい。当山、日々の修行を重ねまするると、天狗の如き技をも、悟れるのでございます」

「霊験あらたかとは、思うておったが、まさかそこまでとは……」

「当山で鍛錬し、能力に目覚めし者の一部が、仏の教えに反し自分の能力を見せつけるためだけに、力を利用し始めることがあるのです。彼らは、寺の戒律を守り仏の法を守ることが、煩わしくなるのでありましょう。寺を出て、そして力自慢がしたくて、寺に勝負を挑んでくる、という訳でございます。今回は、当山を出《い》でて、麓の村での祭りでしたゆえ、当山の内であれば、天狗も手出しできなかったはずで……。誠に、若君様を……。申し訳のないことでございます」

「……あい、わかった」常将はそう寺の使いに答えると、向き直った。

「だれぞある」

「はっ」

「出兵の備えを！　整い次第、上野へ向かい天狗を討つ！」

千葉の館は騒然とした。兵たちは、訳が分からなかった。どうして、相満若様がいらっしゃる、船尾山に出兵するのか。「天狗を討つ」とは、如何なることであるのか。下総から上野へ向かう兵は、三千に及んだ。

船尾山炎上

寺では、祈祷に祈祷を重ねても、未だに相満若の居所を掴めずにいた。

「戦だ、戦だ。千葉常将様の軍勢が、船尾山に向かっているぞ」

噂が飛ぶのは、兵が船尾に到着するよりも速い。門前の家々は扉を固く閉じ、貴重品を持ち出し、避難を始める始末であった。常将の軍が船尾山に至ると、人けのない門前に、「お待ち申し上げておりました。常将様」

武装した男たちが立っていた。

「わしらも、常将様と同じに、船尾山の天狗に子を攫われたんだ。だから、一緒に戦わせてください」

船尾山を見上げれば、黒雲たなびき、今にも泣き出しそうな空であった。

「天狗に攫われたのは、相満だけではなかったか。承知いたした。共に参れ」

膨れ上がった常将の軍勢は、ついに山門まで打ち寄せ、寺を幾重にも囲み始めた。馬のいななきに、武者たちの持つ武具や、堅牢な鎧の擦れる音が、波のように寺を包み込む。

寺にいる僧たちに、にわかに緊張が走る。険しい山で日々修行を重ねる僧たちである。寺にはいるが、自分も悟り得た力を試してみたいという気持ちも、少しはあったのかもしれない。しかし、双方が互いに戦う理由など、本当は、なかったのだ。なかったはずだ。

天狗の妖術に惑わされたか、冷静さを欠いた双方は、どちらからともなく開戦し、入り混じり、矢が当たり、傷を負い、死ぬ者まで出始める。やがて、どこからか、「火を放て」と声がかかり、一ヶ所より炎が上がった。その立ち昇る炎に応《こた》えるように、方々から火の手が上がり、一説に比叡山と並ぶほどと称された船尾山の大伽藍は、わずか一日の内に、ことごとく焼け落ちた。

炭となり、黒々と照る太い柱ばかりが、かつてここに伽藍があったことを示すのみ。その柱と柱の間に、まるで天女の羽衣を裾長く垂らしたように、朝日を受けて一条の白き船尾瀧だけが、流れ落ちている。

常将はその瀧の流れを半眼で見つめ、回想した。

（嗚呼、私はあの時、朝廷を敵に回した父上と共に、梟首《きょうしゅ》になったとしても、不思議ではなかったはずである。しかし、生かされた。生かされたばかりか、千葉《せんよう》の蓮の花咲く井の花の池で、天女と見まごう、美しき妻と結ばれ、ついには相満という幸運も手にしたのであったなあ。上野に前来たのは、百日参りの折であったか。そうだ、百日目の祈願を終えたあの夜、枕元に老僧が姿を現したな。

「あなた方は、元々子を授かれる定めではないのですよ。しかし、あなた方がそこまで望むと言うのであれば……。お授けしましょう、子種を。ただし、十歳か、十五歳の時分、その子は、かき消えるでしょう」

嗚呼、あの老僧の言う通りになった。相満を授かれる喜びが勝って、老僧の言うことなど、今の今まで忘れておった。なんと、口惜しいことだろう。相満よ、こうなることが分かっておったならば、私は、私は……）

常将が、再び瀧に目をやると、空にちらちらと輝きが見えた。その輝きが、しばらくして、風に乗って降りてくる。やがて、瀧の起点である断崖の上に降り立つと、

「父上！　父上！　相満でございます。天狗と共に、唐の金山寺に行っておりました。ただ今、戻りました」

懐かしい相満若の小鳥のような声が、瀧のせせらぎに混ざり、風に乗って聞こえてくる。

「しかし、父上、これまでにございます」

大きな団扇を一度、振り下ろしたかのような強風が打ち寄せ、相満は再び忽然と姿を消した。

「大いなる、霊地、霊仏をことごとく焼き払い、無用を行うことならば、この常将、世にならい、自害いたそう」

自害を決意した常将の心は、不思議と静かなものであった。

悪い知らせ

常将が、相満若の無事の知らせと共に、館に戻ってきてくれるはずと願っていた、夫人の元に届いたのは、とても悪い知らせであった。

「相満若様は戻られました。しかし、ふたたび『これまで』と空に消えました。常将様は、船尾山をことごとく灰燼としたことを悔いて、ご自害なされました」

「なんと、そなたがそばにおったと言うに、なぜ相満を……。なぜ常将様のご自害をお止めくださらなかったのか……」夫人は、冷静さを失い、そう家臣を責めた。

どれくらいの、間があっただろうか。ようやく、

「明日、船尾山へ向かいましょう」夫人は穏やかにそう言った。

夫人は旅の仕度を整えて、下総の千葉館から、船にて上野を目指した。だが、夫人は、旅の最中に病を得た。長くないと思い、「船尾山をなんとかして再建したい」と、それだけを願い、旅を進めた。

夫人はついに辿り着き、その変わり果てた船尾山の姿を目の当たりにする。その後、夢に出てきた観音の導きを得て、山の麓に『船尾山』の山号はそのままに、楊沢寺から一字改め柳沢寺《りゅうたくじ》を建立すると、夫人は自ら命を絶った。

夢の中の大寺院

以上が『船尾山縁起』に書かれているところの内容である。(注)

話は戻って、ここからは、私の夢の続きと、船尾瀧との関わりを語ってみたい。巨大寺院に関してはすでに触れた通りである。

船尾瀧に行こうと思ったのは、県内の瀧スポットを探していて目に留まったからであるが、どうにも辿り着くことが出来なかった。何度目かの挑戦で、船尾瀧へ通じる遊歩道の前までは辿り着くが、「これより徒歩三十分」「熊出没注意」の標識に怯える。それより先は怖くて進めないのだ。

しかし、ある夏の日、同行者を得て、三人で挑戦することができた。遊歩道を登り、瀧がちらっと見えるようになると、その流れを少し離れた所から柔和な表情を浮かべ、〈船尾像〉が座して見守っている。ふくよかな頬が印象的だ。遊歩道を歩き終えて目にする、崖を流れ落ちる白い瀧は圧巻である。まさしく〈霊域〉、と思うと辺りがモノクロに見えてきて、かつての修行場と思われる所が気になり始める。崖を刳り貫いたと思われる横穴が見え、ここで面壁《めんぺき》何年と修行し、縦横無尽に僧たちが、駆けていたであろうと思えてきた。

そして、夢の中でよく行く寺院は、ここではないだろうか、と感じ始める。帰宅してツイッターに、船尾瀧の写真と共に『夢の中でよく行く、山を登った頂の部分にある大きな寺院、それに近い雰囲気がある。かつてはここにも寺院があっただろうな』と写真を添えて投稿すると、しばらくして返信があり、『船尾山縁起』のことを教えて下さる方が現れたのだ。『船尾山縁起』の話を知ったのは、その時が初めてだった。

ところで、私は何度も夢の中で通ったその巨大寺院に、ある時を境に行くことがなくなった。いつも通り、巨大寺院に差しかかる山の麓で、私はその時、向きを変えた。山には登らず、そのまま麓の道を進む。夢の中で私は誰かに追われていた。山の上の寺にかくまって貰おうかとも考えていたが、（寺に迷惑がかかるから）と考えを改め、麓の小さなお寺か神社に身を寄せ、自ら腹を断った。その時の私は男性だった。

自刃した場所はよく覚えている。五段ある石段、そこから十メートルほどの石畳が続き、本堂が立つ前にあと数段の石段がある。私は最初の石段を上がり石畳の参道に入って、数歩進んだ左手側で、確かに自刃したのだった。

さて、この物語をまとめるために、私は是非、『船尾山縁起』によるところの船尾山楊沢寺が再建されたという、船尾山柳沢寺を確かめに行く必要があった。そして、その近くにある、常将神社にもぜひ詣でたい。

この内容を語る「高崎怪談会24」の三日前である。柳沢寺を参拝し、何の迷いもなく、進もうと思った場所に、常将神社が現れた。これは、常将公からのゴーサインと思った次の瞬間、見覚えのある神社の造りに再び驚かされた。そこはまさしく私が夢の中で自刃した、その場所であった。指で示すことができるほど鮮明に、ここだと分かるのだった。

私はこの伝説と現在を繋ぐ、〈鍵〉の役割をいただいたのだろう。よってここに、これを書き残すのである。また進展があったら、お知らせしたい。

（注）……歴史上では、千葉常将（平常将）は六十七歳まで生き、千葉氏初代として子孫を遺したとされている。

瓢箪池《ひょうたんいけ》の姫

あの池を　歩いて渡る　落陽の
　　沈む山の端　ひょうたんと見え

群馬の戦国武将、長井（平沢）政実《まさざね》についてご存じであろうか。三ツ山城（群馬県藤岡市）の城主、御嶽《みたけ》城（埼玉県児玉郡神川町）の城主だという。永禄四年（一五六一年）、上杉謙信の陣に加わった者をリスト化した『関東幕注文』には、『足利衆　平沢左衛門三良』の名で見え、この時は、足利長尾氏の家臣であった。

元亀元年（一五七〇年）、北条方となって御嶽城を守っていた平沢政実は、武田信玄の軍に攻められ、降参する形で、武田家の家臣となった。この時に、政実は武田信玄より、長井の名を名乗ることと、御嶽城主としての存続を認められたという。

永禄二年（一五五九年）、もしくは元亀三年（一五七二年）、この長井政実によって建てられた〈天陽寺〉が、今も群馬県藤岡市に存在している。

地元の戦国史が好きで、敬愛する戦国武将の歌を歌い、少なからず霊感を持つ私は、この群馬・埼玉境目の武将、長井政実に関係があると思われる姫様の霊に出逢った。

姫様とのやり取りは、令和二年十二月二十七日に開催された「高崎怪談会　年末スペシャル」で語らせていただいた。その時の約束通り進展があったので、過日語らせていただいた内容に進展部分も追記して、ここに書き留める。


平成三十年、私は朝の出勤時に渋滞を避けられる道はないだろうかと、いろいろな道を試していた。その結果、自然と人けのない静かな山沿いの道を、通勤路に選ぶようになった。そこには短いトンネルがある。会社に行く時は、先ず池が右手に見え、続いてトンネルとなる。そこを潜り抜けるとすぐに信号のない交差点があり、理由は分からないが、その辺りで自動車同士が起こした事故現場を目にすることは、一度や二度ではなかった。

初冬のある日のこと、陽が落ちるのが早く、仕事が終わる午後五時頃、すでに辺りは暗くなっていた。他の道を通る選択肢がない訳ではなかったが、何故か導かれるように私は、車をそのトンネルへと走らせていた。

橙色に照らし出されたトンネルに入る。そういえば、これほど暗い時刻にここを通るのは初めてかもしれない。いつもは短いトンネルが、何となく長く感じられる。

（おかしいな）と思ったのと、車内の温度がすーっと下がっていくように感じたのは同時だった。血の気が引き、貧血で倒れてしまう前のような感覚だ。注意しなければならない。このトンネルを抜けた先には、池がある。ハンドルを強く握り、意識をしっかり保つように心がけ、この冷たさを振り払いたくて「あーーーっ！」と叫ぶ。この叫びは私の声なのか、それとも、今まさにとり憑こうとしている、誰かの苦しみの声なのか……。

しかし、このままトンネルの先にある池に車ごと突っ込むのは、絶対に避けたい。自然と呼吸が荒くなった。叫んでいる間に、何とかトンネルを抜けて、池の前も通り過ぎることが出来た。

その夜のことである。

私は布団に入り、眠りに就いていたが、夜中にふと目が醒めた。何か気配を感じる。確かに目が醒めて意識はあるが、身体を動かすことができない〈金縛り〉の状態であった。

次の瞬間、玄関の扉の施錠を解く音が部屋に響いた。続いて扉が、ぎーっ、と音を立てて開き、大きな音を立てて閉まった。（ああ、入ってきてしまったのだな）と頭では思うが、動くことができない。何者かが静かに、こちらに向かってくる気配がした。

「……た、す、け、て。……助け、て……。池に、沈められたの……」か細い女の声だ。若い女で着物を着ており、裾から水滴を落としながら歩いてくる。

女はついに私の耳元まで近づき、おかっぱの黒髪を私の頬に押し当ててきた。髪も濡れているようで、冷たい感触が頬に伝わってくる。

「助けて……。生きたまま、池に沈められたの……」

それだけ私に伝えると、女はこちらに背を向けて玄関から去って行った。金縛りも、解けたようだ。

(助けてほしいのなら、もう少し可愛く出てきて欲しいものだ。玄関の鍵、閉まっているだろうか?)と思ったが、確認に行く勇気もなく、次に目が覚めた時には朝であって欲しい、と願いながら、私は再び眠りに就いた。

翌朝、恐る恐る玄関を覗くと、鍵はしっかりと掛けられていた。だが、昨日の女にとり憑かれてしまったのだろうか、ひどい肩こりがする。気分もひどく落ち込み、もはや池に沈んでしまいたい気持ちだ。

それから私にとり憑いた女は昼夜を問わず、

「助けて……。池に沈められたのよ。私、まだ生きていたのに、それなのに、籠のまま、沈められたの……」そう繰り返す。

(かわいそうに。どこかの姫様だったのだろうか?)

姫様がとり憑いて三日が経っていた。三日も憑くということは何か行動をとらなければ、離れていただけないということだろう。例のトンネルはあの日以来通れずにいたが、地図で調べてみるとトンネルの近くに〈天陽寺〉という寺院が見つかった。気になって調べてみると、戦国武将、長井政実が開基した寺であることが分かった。政実の墓所もそこである。今回の姫様の霊は、この寺に関係があるように思えた。

いつか天陽寺を訪ねたい――そう考えるようになると、姫様が姿を現すことはなくなり、体調や気分も良くなった。

しかし深入りするのは怖い気もして、勇気が出ず、現地を訪ねることなく二年近い月日が流れた。そんな秋の晩。うとうとと眠り始めたところで、こんな体感に襲われた。

プールなのだろうか、大きな水槽の中にいる。初めは浮かんでいられたが、次第に水の底に沈んでいってしまう。二メートル、三メートル、十メートルと沈んでいく。沈むほど圧を感じ、息が出来ないことに気が付き、苦しくなる。なおも沈み、辺りは暗闇……。

すると翌日、ある友達が突然、長井政実についての話題を私に伝えてきた。その時、合点がいった。昨晩の水に沈む体感は、例の姫様が起こした現象なのだろう。

また次の日。私は友達を道連れに〈天陽寺〉へ向かい、ついに長井政実の墓所の前に立ったのだった。私にとっては二年越しの、姫様にとっては四百数十年越しかと思われる瞬間である。私は来るのが遅くなったことを姫様に詫びた。

墓所に建てられた『由緒ノ碑』には、長井政実が、斉藤別当実盛《さいとうべっとうさねもり》の後裔であり、長井荘に住し長井姓を名乗ったこと、永禄六年（一五六三年）に、それまで従っていた上杉家を離れ、武田信玄に従ったこと、天正十年（一五八二年）に武田家が滅ぶと、天正十二年（一五八四年）に武蔵（埼玉）側を北条家に封じられたため、上野（群馬）側の浄法寺（藤岡市）に移り住んだが、徳川家康との戦いに敗れて切腹、天正十八年（一五九〇年）二月二十八日に没したことなどが書かれていた。

（天正十年、武田家が滅ぶと、長井政実と子の実久《さねひさ》は、上杉家家臣の藤田信吉を頼って越後に走り、天正十八年には藤田信吉に従って、上野へ侵攻し旧領を占領、小田原合戦後に実久（昌繁）は徳川家の家臣となった、とする説もある）

また、『由緒の碑』には、長井政実に並んで浦部氏の名があり、政実と運命を共にし、吉祥院の〈瓢箪池〉のほとりで遺骸となる、とあった。

〈瓢箪池〉——この言葉を見つけると、肉体を持たない姫様の発言が現実味を帯びてくる思いがした。恐れて近づけないでいた墓所への参拝であるが、〈瓢箪池〉の単語を見つけたこと以外は特段の怪異が起こることもなく、この日は無事に過ぎた。

その夜、姫様の成仏を祈ろうと、まだ見ぬ〈瓢箪池〉を思いつつ、

『秋空に　流れる雲は　龍となり　観音菩薩　乗せて寄る　救いの御手に　誘《いざな》われ　ああ

幾年の　沼を出で　向かうはいずこ　天界の　花はほころび　春うらら　思い出したる色彩の　ああ　喜びの泉湧く　冬の凍てつくような日に　夏の焼かれる日々幾度　今帰られよ　本来の　輝き胸を　躍らせて』

こんな歌を天に贈った。祈りが届いたのかどうかは分からない。しかし私は、それからトンネルを過ぎた所の自動車同士の事故を見なくなった。

もっとも世の中がコロナ禍に突入し、ゴルフ客らの足が遠のいたのが原因かも知れない。この地域はひと頃、ゴルフ場開発が盛んで、今も複数のゴルフ場が点在している。

さて、ここまでが一昨年の怪談会までに起こったことである。その後も私は長井政実への興味を継続させていた。姫様との出会いは私をそうさせるのに十分であり、そうしなければいけない使命が私にあるようにも感じていた。文献を調べ、城を調べてはツイートを繰り返すと、どういうわけか立て続けに、長井政実に関心を持つ方が二人現れた。私たち三人は導かれるかのように、長井政実の命日と伝わる二月二十八日の前日に、天陽寺本堂で顔を合わせることとなった。

その日は、少し風はあるものの、日差しの暖かさにほっとできる日であった。現地へ向かう途中、姫様と出逢った池のひとつ手前、小さな橋が架かっている農業用貯水池を通過するのであるが、私はそこで不思議な光景を目にした。

水面が激しく持ち上げられ、池の全面に見事な三角形をした波形が幾つも並んで現れたのだ。まるで大蛇の鱗が逆立っているかのようであり、北条氏の家紋である三つ鱗も連想させる。変わったこともあるものだ。風と共鳴振幅《きょうめいしんぷく》してできた波形だろうかと、近くの木立へ目をやるが、風はそよそよと木々の枝を揺らすばかりで、池に波形を生じさせるほどの激しさはない。池の波形は、何やら自然の理から逸脱したもののようであった。

長井政実に関しては、関連する文書など残るものの、研究された時期や研究者によって、解釈が違い、全体を掴むことが難しいと感じる人物であるが、今回の顔合わせに際して思ったことがあった。

永禄十三年・元亀元年（一五七〇年）、長井政実の名前で金鑚薬師《かなさなやくし》に「本意が存分に達せられた」として寺領を寄進しているが、ここが彼の人生のハイライトではなかったろうか、ということだ。上野・武蔵の境目で、もとは山内上杉を支える足利長尾氏に仕え、北条、武田の領土侵攻に、ある時は北条、ある時は上杉、またある時は武田、と吹き荒れる天を眺め、時に昨日の敵は今日の味方と生き抜いたはずだ。

そして、例え仕える先が秋の空のように変わろうとも、自らの城と土地、そこに住まう者たちを守ろうと、逞《たくま》しく、したたかに、この地にて奮闘したのではないだろうか。

翌二月二十八日は、空にたくさんの龍に似た雲が飛び交い、賑やかであった。姫様の要望に応えられたのではないだろうかと、うれしくなった。

さて、姫様の正体に関してはまだ、分からない。ただ上野・武蔵の戦国史をこつこつ学んでいく先で、ふと答に出逢える気がしている。

『由緒の碑』に〈瓢箪池〉があるのは埼玉県児玉郡上里町の吉祥院と書かれていた。インターネットで調べると、現在の吉祥院に池は存在しないが、遠い昔、この寺は今の位置よりも西にあり、そこには大きな池と中の島を持つ浄土式庭園があったことが発掘調査で分かっている、という。また、この池には大蛇の伝承が残っていることも分かった。

後日、私は吉祥院を訪ねてみた。心の中で（池はどちらですか）と訊ねながら進むと、（ここです）と感じる所があった。さらに上里町の図書館で調べると、確かに池があったのは、私が（ここです）と感じた、その場所のようである。

そして、もうひとつ。大蛇の鱗のように波立った貯水池についても、インターネットで調べてみると、十数年前に新聞などを騒がせた殺人事件がヒットした。金銭トラブルから犯人が男性を殺害し、車に乗せたまま池に沈めたという事件だ。ただし、翌日には遺体と車が発見され、犯人は警察に逮捕されている。

参考文献

『長野業政と箕輪城』久保田順一　戎光祥出版
『箕輪城と長野氏』近藤義雄　戎光祥出版
『長野記』清水潔水　『民話と伝説の舞台』小暮淳　ちいきしんぶん
『口語私訳箕輪軍記』大塚實　箕輪城まつり奉賛会
『榛東村の民俗』群馬県教育員会　群馬県教育委員会事務局
『御嶽・三ツ山城主長井氏に関する基礎的考察』朝倉直美　駒沢史学三九・四〇合併号
『古文書を読む北条氏邦と鉢形支配』梅沢太久夫　まつやま書房
『戦国上野国衆辞典』久保田順一　戎光祥出版　『長井氏の研究』浅見良治
『武田氏家臣団人名事典』芝辻俊六　平山優　黒田基樹　丸山和洋　編　東京堂出版
『上里町歴史観光案内人ガイドブック―中世の道―』上里町立郷土資料館
『再発見シリーズ第2弾　中山道の脇往還　藤岡道の再発見　本庄・金鑽神社～上里町・藤武橋』藤岡道街並み調査班　埼玉県北部地域振興センター本庄事務所
『箕輪城奇譚』吉田知絵美

戸神重明《とがみしげあき》

群馬県高崎市出身、在住。怪談作家。単著に『いきもの怪談 呪鳴』『上毛鬼談 群魔』『群馬百物語 怪談かるた』『怪談標本箱 毒ノ華』『同 死霊ノ土地』『同 雨鬼』『同 生霊ノ左』『恐怖箱 深怪』、編共著に『高崎怪談会 東国百鬼譚』がある。ほかに共著多数。二〇一五年よりイベント「高崎怪談会」を主催。身の回りを面白くして、地元群馬を〈怪談の楽園〉にすることが目標。

ハート形土偶の夢

高崎市在住の男性Dさんは二十代の頃、縄文時代の人々に興味を持ち、彼らが作った土器や土偶に心を惹かれるようになった。とりわけ気に入ったのが、市立図書館から借りてきた図鑑に写真が掲載されていた、ハート形土偶だったそうだ。

縄文時代後期の作品で、高さは三十・五センチ。顔がハート形をした女体像で、頭髪はなく、鼻が高くて太い。乳房があり、長めの胴は細くくびれている。広げた両腕は左右まっすぐに伸びていて、足はO脚で太く、がっちりしている。何とも不思議な姿形だが、

(面白い！ そして美しい！)

と、Dさんは思っていた。

彼の心を惹きつけたのは、その姿形だけでなく、地元の群馬県から出土した土偶ということもあった。太平洋戦争中の一九四五年(四一年や四四年ともいわれている)、吾妻郡岩島村(現東吾妻町《ひがしあがつままち》)郷原《ごうばら》から、道路工事中に出土している。現在のJR吾妻線郷原駅のすぐ近くで、石を組んだ遺構の中から発見されたのだという。

Dさんは写真を見るだけでは満足できず、実物を観《み》てみたくなった。実物は東京都

台東区上野公園《たいとうくうえのこうえん》にある東京国立博物館で展示されているそうだ。

　春の休日、彼は一人でJR高崎線に乗って上野へ向かった。その車内で列車に揺られるうちに眠くなってきた。我慢できずに、うとうとしていると……。


　夢の中に変わった装束の人々が出てきた。貫頭衣《かんとうい》に股引きを身に着け、鹿革の靴を履いている。背後に竪穴《たてあな》式住居が何軒か見えた。どうやら縄文時代の集落らしい。

　その地域では伝染病が蔓延し、高熱を発して倒れる者が相次いでいた。某村も村人の半数が寝込み、死者が出ている。村の長《おさ》はよその村から年老いた巫女を呼んだ。巫女は祈祷と薬餌療法《やくじりょうほう》を行ったが、効果が出なかった。彼女は苦い顔をしながら、こう告げた。

「これは魔物の仕業だ。早く祓《はら》わなければ死者が増えるだろうが、私の力だけではどうすることもできぬ」

　近隣の村から長たちが集まり、合議が行われた。その席で一人の男が発言した。

「もう先な、旅人から聞いた話なんだが、東北の方角に大きな村があるそうだ。そこは変わった顔をした神様の像を祀っていてな、その神様が魔物を追っ払ってくれるらしいぞ」

　ならば、その像を譲ってもらおう——ということになり、身体が丈夫で足の速い若者が使者として選ばれた。

当時の東日本一帯はブナの原生林やコナラを中心とした雑木林がどこまでも続いている。若者は獣道とさして変わらぬ林道を歩き続けた。足が肉刺《まめ》だらけになっても、休むわけにはいかない。夜は火を炊いて野宿をした。

食糧は携えてきた穀類か、灰汁《あくぬ》抜きをしたドングリの粉から作った焼き菓子である。川に入って手掴みで魚を捕り、焼いて食べたこともあった。

道に迷ったり、夜更けに狼の遠吠えを耳にしたり、林道で熊と睨み合ったりもした。それでも若者は、野性的な勘と強靭な体力によって幾多の山河を跋渉《ばっしょう》し、ようやく〈東北の大きな村〉に辿り着いた。

若者が村の長と面会する許可を得て、事情を伝えると、

「おおっ、そんなに遠くから来たのか！　若いのに、大した男だのう！」

長は喜び、歓迎してくれた。

この村では、長の家や穀物倉に平らな顔をした女神像が何体も祀られていた。若者は持参した握り拳ほどの黒曜石と像の交換を申し込んだ。長は老顔に笑みを浮かべた。

「気に入った。一体差し上げよう」

かくして若者は再び難儀な旅をして、地元の村へ帰ってきたのである。病はさらに猛威を振るい、死者の数も増えていた。

すぐに巫女が呼ばれ、広場に病人たちを集めると、女神像を置いて祈祷が始められた。

巫女の祈りは一時《いっとき》ほども続いたろうか……。

夕暮れが近づいた頃、女神像に変化が生じた。その大きな鼻腔やおちょぼ口から甘い香りのする風が吹き出したのだ。莚《むしろ》に身を横たえた病人たちが、その風を吸い込むと、

「何だか、急に身体が軽くなった気がすらあ！」

皆、口々にそう言って起き出してきた。すっかり熱が引いていたのである。

「黒い姿をした魔物どもが、皆の身体から抜け出し、山の上へ飛び去っていった」

と、巫女が説明した。

この一件が切っ掛けとなって、二つの村は交易を行うようになった。かの若者は再び東北の村を訪れ、長の娘を妻に迎えて帰村した。彼はのちにこの村の長となり、女神像はその子孫たちによって、大切に保存され続けたという。

女神像は胴がくびれていて、鼻が高く、ハート形の顔をしていた。


そこで夢が終わって、Dさんは目を覚ました。

（何だ、今のは⁉　凄え夢だったな……）

夢に出てきたのは縄文人らしいが、なぜか話す言葉はすべて現代の日本語になっていた。

その上、かなり明晰な内容であった。前にもあとにも、こんな夢を見たことはない。

やがて列車は上野駅に到着した。東京国立博物館へまっしぐらに向かったDさんが大いに感動したことは書くまでもないだろう。展示されているハート形土偶を長いこと鑑賞しただけでなく、売店で図録や専門書を買い込んで帰路に就いた。

帰りの高崎線の列車内で、Dさんは終始読書に熱中していたが、気になる一文を見つけた。それはハート形土偶について書かれたもので、

『このタイプの土偶は福島県の会津地方から数多く出土しているため、そこから群馬県の東吾妻町まで持ち込まれたものと思われる』

という内容であった。

(何だ。てっきり群馬で創《つく》られたものだと思っていたんになな……)

ハート形土偶は郷土の誇り——とまで思い込んでいたDさんは、少しばかり落胆した。

しかし、じきに往路の列車内で見た夢の内容を思い出して、驚嘆したという。

(俺が見た夢そのものじゃないか!)

Dさんはこれまで、ハート形土偶が福島県から持ち込まれたものだとは知らなかったので、鼓動が激しくなるほど驚き、感激した。

(まるで、土偶の女神に気に入られたみたいだ!)

Dさんは頗《すこぶ》る喜んで帰宅した。当時の彼はアパートで一人暮らしをしていた。蛍光灯が取り付けられたアパートの通路を進み、自室のドアを開けると——。

暗い室内に誰かが立っていた。いや、〈何か〉と言ったほうが良かったのかもしれない。

通路の灯りが差し込んでわずかに明るくなった玄関に、Dさんよりも長身のハート形土偶が立っていたのである。身の丈は一八〇センチもあるように見えた。

（うほおっ！）

幾らハート形土偶の熱烈なファンでも、これには腰を抜かしかけたという。それでつい、玄関の壁にあるスイッチを押して、天井に設置された蛍光灯を点けてしまった。

室内が明るくなる。同時に、ハート形土偶は姿を消した。

（しまった！　電気を点けなければ、もっと土偶を見られたんにな……）

と、Dさんは後悔した。


翌日は午前八時から仕事である。その夜は、目覚まし時計を午前六時に設定してベッドに入ったが、興奮してなかなか眠れなかった。

朝が来て、目を覚ましたDさんは何気なく時計を見て、目を丸くした。

六時五十分を回っている。目覚ましのスイッチが押されて、解除されていたのだ。寝惚けてスイッチを押さないように、ベッドから手が届かない位置に時計を置いていたので、不可解に思った。大急ぎで身支度をして車を走らせたものの、渋滞にも巻き込まれて、始業時間には三十分も遅刻してしまう。

だが、職場へ向かう途中、ひどい事故現場を目撃したのである。

脇見運転だったのか、一台の車が車線から飛び出して対向車と激突し、そこへ後続車が突っ込んだらしい。割れたガラスが路上一面に散乱している。救急車が来て、運転者の一人が搬送されていった。

翌日の新聞を読むと、昨日の事故に関する記事が小さく載っていた。救急車で運ばれた運転者は重傷を負ったらしい。事故が起きた時間は午前七時二十分頃で、もしもDさんがいつも通りに職場へ向かっていたら、巻き込まれていた可能性が高かったそうだ。

（きっと、ハート形土偶の女神が助けてくれたんだなぁ……。ありがとうございます！）

Dさんは、ハート形土偶が昨夜現れた玄関へ向かって、両手を合わせたそうである。

参考文献
『群馬県遺跡大辞典』（財）群馬県埋蔵文化財調査事業団　編集（上毛新聞社）

午前二時に来るモノ

中毛の伊勢崎市は平地が広がっているが、幾つか低い丘がある。その丘は雑木林が残され、数多くの小さな古墳が並んでいた。麓は開発されて住宅地になっている。

現在四十代後半の男性Nさんは、小学五年生の頃、その住宅地に短い間、住んでいた。一戸建ての借家に両親と祖母、弟妹との六人で暮らしていたという。

Nさん一家が引っ越してきたその夜から、異変が発生した。毎夜、決まって午前二時になると、玄関のドアが叩かれるようになったのだ。ノックと呼べる穏やかなものではなく、ドガッ！　ドガン！　とドアが強く蹴飛ばされているような音が家中に響く。眠っていても目が覚めてしまうほどだったが、無視しているとすぐに終わる。

「酔っ払いのいたずらかねえ？」

母親はそう言って、首を傾げていた。けれども、朝になってからドアを見ると、蹴られたときにできる靴跡は残されていなかった。ドアが凹んだり、傷ついたりもしていない。

そのため、しばらくは放っておいたのだが、二週間ほど経った頃、ドアを叩く音が五分以上経ってもやまないことがあった。ひどくうるさいので、両親とNさんはそれぞれ一階と二階の部屋から起き出してきた。これほどの音となると、近所迷惑にもなりかねない。

「こりゃあ、ただごとじゃねえな……。おい、野球のバットを持ってこい」

と、父親が真顔でNさんに命じた。

Nさんが自室からバットを持ってきて手渡すと、父親はそれをいざというときの護身用の武器として片手に持った。ドアを開けたところ——。

音が途絶えて、ドアの外には誰もいなかった。冷たい夜風だけが玄関に吹き込んでくる。

その後も同じ現象が夜な夜な、午前二時になると繰り返された。

「あれ、人間のいたずらじゃないやいね」

と、祖母が言い出して、友人に知り合いの霊能者を紹介してもらった。

霊能者は五十がらみの女性で、両親が仕事に出かけている間にNさん宅を訪ねてきた。

祖母が応対し、Nさんや弟妹は少し離れた所から様子を見守っていた。

霊能者は仏間と玄関で両手を合わせて目を閉じた。一頻《ひとしき》り経を唱えてから、

「江戸時代の……着物を着た女性が見えますね。毎晩、その霊が訪ねてきています」

古墳が多いので、古墳時代人が現れそうなものだが、なぜか江戸時代の女なのだという。

「あまり良い相手ではないので、早めに引っ越しをなさったほうが無難ですね」

霊能者はそう勧めて帰っていった。

祖母はそれを両親に伝えたが、実の息子である父親は面倒臭そうに顔を顰めた。

「引っ越してきたばっかなんに《ばかりなのに》、またきゃあ《またかい》。……しばらく我慢してりゃあ、来《き》なくなるだんべえよ《だろうよ》」

母親は黙っていたが、反対はせず、そのまま住み続けることになった。引っ越しにはかなりの労力を必要とする。両親は飲食店の経営を始めたばかりで、余裕がなかったらしい。

ドアを叩く音はそれからも毎夜聞こえた。だが、Ｎさん一家は慣れてしまい、放置して眠れるようになっていた。隣近所には聞こえていないのか、苦情が来ることもなかった。

そんなある日。Ｎさんはふと、幽霊を見てみたいものだ、と思うようになったという。

「江戸時代の女の姿を見ることができたら、凄えことじゃんか！　一緒に見ねえか？」

Ｎさんは幼い弟妹を誘ってみたが、二人とも「怖いからヤダよ」と断ってきた。

それでＮさんは一人で見ることにして、目覚まし時計を午前一時五十分に設定した。

深夜になって、目覚まし時計が鳴った。Ｎさんは何とか目を覚ますと、一時五十五分には二階の自室を出て階段を下り、廊下の電灯を点けて玄関の前で待ち構えていた。

二時になると――。

ドガッ！　ドガン！　と、いつも通りにドアが叩かれ始めた。

Nさんはすぐさまドアを開けたが、外には誰もいなかった。先日、父親がドアを開けたときと同じ結果である。

それからというもの、毎夜ではなかったが、何度か江戸時代の女の姿を見てやろうと試みた。しかし、結果はいつも同じことで、ドアの外には誰もいなかった。やがて、

(だったら、ドアを初めっから開けときゃあ、いいん《いいん》じゃねぇかな？)

そんな閃《ひらめ》きを得たので、実行してみることにした。

午前一時四十五分に目を覚ますと、一時五十分には一階へ下りて電灯を点け、玄関のドアを開け放った。外を見れば、深夜の住宅地は寝静まっていて、歩いている者はいない。

二時になった。

ドアが叩かれることはなく、屋外に着物姿の女が現れることもなかった。

ところが、Nさんが諦めて、ドアを閉めようとすると——。

背後の廊下から、みしっ……と床板が軋む音がした。誰かが廊下を歩いている。

Nさんは廊下を凝視したが、やはり何も見えなかった。足音だけが聞こえてくる。裸足なのか、大きな音ではないものの、確かに聞こえた。それは廊下の突き当たりにある両親の寝室へと向かっていった。

足音が途絶える。寝室のドアは開かなかったが、室内から両親の悲鳴が聞こえてきた。

「お父さん！　お母さん！　大丈夫!?」

Nさんは急いで両親の寝室へ向かい、ドアを開けた。

ベッドの上で両親が上半身を起こし、目と口を大きく開けて、呆然としている姿が目に映ったが、ほかには誰もいなかった。二人とも何かを目撃したのであろう。

だが、二人とも黙り込んでいて、何を見たのかは、幾ら訊ねても教えてくれなかった。

それから数日後。

突然、家族全員で伊勢崎市内にある別の借家へ引っ越すことになった。

それまでは面倒だからと、引っ越しを拒んでいた両親が急変したのだ。相変わらず、何を見たのかは教えてくれなかったのだが……。

新しい借家に住み着いて、長い年月が経ち、Nさんが成人になった頃、居間で家族とテレビを観ていると、母親が急に思い出話を始めた。

「ああ、これ！　これとそっくりなお化けを見たんだいね、昔住んでた家でさぁ！」

あの夜、両親は午前二時前に、どちらも急に目が覚めたのだという。二時になると、廊下から足音が近づいてきた。まもなく豆球を点けただけの薄暗い室内に、ドアを突き抜けて侵入してきたものがあった。

相手は着物を着た女ではなかった。

大きな顔だけが空中に浮かび上がっている。平均的な成人男性の頭部の二倍以上もありそうな顔であった。驚いたのはその大きさだけではない。

それはメンフクロウにそっくりな、ハート形の面を被ったような顔をしていた。両親が思わず悲鳴を上げると、すぐに消えてしまったそうである。

ちょうどこのとき、テレビで観ていた動物番組にメンフクロウが映っていた。それで母親は昔見たモノを思い出したのだ。何を見たのか、長いこと話さずにいたのは、皆を怖がらせたくなかったのと、口外したらとり憑かれそうな気がして、怖かったからだという。

引っ越したことが奏効したのか、同じ現象に遭遇することは二度となかった。なぜ江戸時代の女ではなく、メンフクロウのような顔が現れたのか、なぜ顔だけなのに足音が聞こえたのか、Nさん一家にとっては、未だに解明できない謎となっているそうだ。

八月の遊女

現在四十代前半の男性Kさんは高校生の頃、家族と高崎市郊外に住んでいた。当時の彼は陸上部に所属しており、大会によく出場していた。

八月、大会が行われる日のことである。午前四時頃に起床した彼は、スパイクシューズをバッグに入れて出かける支度を済ませると、リビングへ向かった。

まだ夜が明けておらず、外は薄暗い。家族は眠っていたが、母親が前夜のうちに朝食を用意してくれていたので、それを食べながら何気なくテレビを点けると、画面にモノクロの映像が映し出された。

戦闘機が爆音を立てながら飛び交っている。

続いて街が炎上する光景が映し出されるや、

「世界中で、何千何百万もの罪のない命が奪われ……」

と、男性の声でナレーションが入った。

Kさんは戦争ものの悲惨な場面など見たくはなかった。これから試合に出るのに、縁起が悪い気がして、チャンネルを変えようとした。

ところが、その前に場面が変わった。忽然と、カラーの映像になる。古めかしい木造の建物が燃え上がっていた。

建物の中から着物姿の人々が次々に逃げ出してくる。彼らの頭髪は、男が丁髷《ちょんまげ》で、女は日本髪に結い上げている。洋装の者はいない。江戸時代の遊郭を思わせる光景であった。

やがて、赤を基調とした派手な色合いの着物を着た女が、だらしなく前をはだけさせた姿で炎の中から歩いてくる。遊女だろうか。口から血を垂らしながら、にたにたと笑っていた。

「坊や……。早く、こっちへ、いらっしゃい……」

そう言ったあと、また口から、どろり、と血を吐き出す。

(何だよ、この女？　俺に話しかけてきてるみてえじゃんか！)

Kさんは急に気味が悪くなってきて、テレビを消した。このときはさほど気にせず、朝食を済ませて家を出たのだが……。

大会が終わって夕方になり、帰宅した。ふと、早朝に見た女の不気味な笑顔を思い出す。

(朝やってたのは、何の番組だったんだろう？　ばかに気味の悪い映像だったな……)

気になって新聞のテレビ欄を確認すると、それらしき番組名は載っていなかった。いや、当時はその時間帯に放送されている番組自体がなかったのだ。

いよいよ気になったKさんは、翌朝も同じ時間帯に起床してテレビを点けてみた。すると、やはりテレビ番組は放送されておらず、いわゆる〈砂の嵐〉が舞い続けていた。コマーシャルすら放送されていなかったのである。

（じゃあ、昨日の番組は何だったんだ？）

Kさんは腑に落ちず、このできごとを忘れられなかった。成人になってから、パソコンとインターネットが普及すると、何度も検索をしたり、ドラマや映画に詳しい友人に訊ねたりして調べてみた。その結果、遊女が出てくる映像は、

「『○×△□』じゃないか？」

と、映画通の友人が教えてくれた。

しかし、その作品をＤＶＤで観てみると、江戸時代の話なので、戦闘機が飛び交う場面は出てこなかった。とはいえ、八月といえば、太平洋戦争末期の一九四五年に群馬県内では前橋、伊勢崎、太田、高崎などの都市が、米軍の大型爆撃機Ｂ-29による激しい空襲を受けて多数の死傷者を出したり、建物を破壊されたりした月でもある。

（そのことと、何か関連があるんだろうか？）

そうだとしても、江戸時代の遊郭と思われる町並みや人々とは、どのような繋がりがあったのか、わからなかった。Kさんは今でもこの一件が不思議でならないという。

小幡の槍

西毛の甘楽郡《かんらぐん》は、戦国時代に小幡氏の領地だったことで知られている。国衆の小幡憲重《おばたのりしげ》は初め、関東管領《かんとうかんれい》（注）の上杉憲政に仕《つか》えていたが、憲政が権力を失うと北条氏康に与《くみ》したことから、岳父である箕輪城の長野業政や同族の小幡氏と敵対することになった。そのため一時は居城の国峯城《くにみねじょう》を奪われ、甲斐国の武田信玄に助けを求めている。

武田信玄は国峯城を攻め立てて、再び小幡憲重を城主に就かせると、長野業政の病没後に箕輪城をも陥落させた。箕輪長野氏が滅びたことで、憲重の嫡男、小幡信真《おばたのぶざね》は西毛における国衆の中心人物となり、武田騎馬隊の名将として活躍した。

だが、武田信玄が死去すると、嫡男の勝頼は織田信長との戦《いくさ》に敗れ、滅ぼされてしまう。そこで小幡信真は再び北条氏に従ったが、豊臣秀吉が行った小田原征伐で北条氏も滅ぼされた。このとき、国峯城も落城している。信真は親交があった真田昌幸を頼って信濃国《しなののくに》(現在の長野県）へ行き、そこで病没したという。

小幡氏の没落後、その領地は小幡藩となり、徳川家康の娘婿である奥平信昌や水野忠清、永井直勝などの譜代大名が支配したが、いずれも短期間であった。その後は織田信長の子孫が八代、百五十二年にわたって藩主を務めている。最後は松平氏（初代奥平氏の子孫）四代による統治が明治の初めまで続いた。中でも織田氏の三代目藩主、織田信昌の時代に城下町としての基礎が造られたらしい。

現在も甘楽郡甘楽町の小幡地区には、城下町の名残りが見受けられる。

高崎市在住で五十代の男性Qさんは、そんな甘楽町の旧家で生まれ育った。彼は中学生だった昭和の末頃、同じクラスのWさんと仲良くなった。WさんはQさんの家によく遊びに来ていたものの、常に一階の居間や応接間、庭などで会っていたという。

Qさんは二階にある自室に「来いよ」と招くのだが、Wさんは決まって、「いや、俺はいいよ、ここで……」と慌てて首を横に振る。

「たまにはいいじゃないか。綺麗に掃除してあるぞ」

「悪いけど、俺はいいよ……」

幾ら誘っても、二階には絶対に上がろうとしない。なぜなのか、Qさんは不思議に思っていた。

そんな矢先――。

Qさんには三つ年上の兄がいる。二階には大広間があり、襖を閉めることによって二部屋に分けることができる。そこを兄弟で一部屋ずつ使っていた。

兄は高校二年生になると、急に態度が変わってきた。それまでは真面目で優しい性格だったのに、よく学校をさぼって家にいるようになったのだ。おまけにいつも機嫌が悪い。ある連休の初日、Wさんから電話がかかってくると、選《よ》りに選《よ》って兄が出てしまった。

「あ、Q君？　明日は何時に会う？」

Qさんと兄の声はよく似ている。Wさんはてっきり兄のことをQさんかと思ったようだ。それまで兄は、電話でまちがえられても怒ることはなかったのだが、

「おめえ、何言ってんだよ！　おらあ《俺は》、Qじゃねえぞ！　この馬鹿野郎！」

凄い剣幕で怒鳴り出した。

Wさんは「すみません！　すみません！」と謝ってから、電話を切ってしまった。いきなり怒鳴られて怖かったのであろう。

兄の大声はQさんにも聞こえた。すぐに電話機へ向かい、かけ直して謝ろうとしたが、

「うっせえ、ほうれ《うるせえぞ、おら》！　電話なんかすんじゃねえやっ！」

兄が鬼の形相で、別人のような大声を発したため、電話をかけることさえできなかった。

そこでQさんは翌朝、自転車に乗って直接、Wさんの自宅へ向かった。

「兄ちゃんが急に変になっちゃってさ……。昨日はごめんな」

事情を説明すると、WさんはQさんを自室に招き入れてから、難しい表情を浮かべた。

「もしかすると……あれと関係があるのかもしれない」

「あれ、って？　何か知ってるんきゃあ《かい》？　そういえば、W君は……何で今まで、うちの二階に上がろうとしなかったんだい？」

Qさんは以前からの疑問をぶつけてみた。

「……気持ち悪くなっちゃうんだいね」

Wさんはかつて何度か、Qさんの家の二階へ上がろうとしたことがあった。しかし、階段に足を乗せた途端、必ず耳元で男たちの雄叫びや激しく打ち合う金属音などが聞こえてくる。断末魔の悲鳴らしき声が聞こえたこともあった。それでも階段を上がろうとすると、急に眩暈《めまい》がしてきて、まともに歩けなくなってしまうのだという。

「そんなことが？　俺は何も感じねえんにな……」

Qさんは愕然とした。

そういえば、自宅の襖を一枚隔てた兄の部屋には、鴨居に一本の槍が掛けられている。Wさんの先祖は、小幡藩主の松平氏に仕える武士であった。槍の刃はすっかり錆びているが、先祖が関ヶ原の戦いで実際に使い、武勲を立てたものだ、と聞かされていた。ただし、Wさんには槍が二階にあることなど、知らせていなかったそうである。

「何で？　何で今まで、黙ってたんだや？」

「俺がそんなことを言ったら、嫌《や》な気分になるだんべ《だろう》？　それに、どうせ信じてもらえないだろうと思ったんだよ。俺は生まれつき、ちっと霊感があるんだけど、それを話すと、いつも気味悪がられるんでさぁ」

Qさんは帰宅すると、両親にWさんから聞いたことを話した。兄はこのとき、二階の自室にいた。両親が家にいるときは部屋に引き籠もっていることが多いのである。

「兄ちゃんが変になったのは、あの槍が原因らしいんだ！」

そこまで話した直後であった。

二階から魂消《たまぎ》るばかりの悲鳴が聞こえたかと思うと、「地震だあ！」と叫びつつ、兄が大きな音を立てて階段から転げ落ちてきた。

「……お、おい！　どうしたっ⁉」

「だ、大丈夫⁉」

両親が駆け寄ると、兄は真っ青な顔をして、痛打した腰をさすりながら、

「に、逃げないと！　は、早くっ！　地震だっ！　槍が、槍が、落ちてきたっ！」

しどろもどろに叫んだ。

けれども、このとき地震は起きていなかった。兄のほかには誰も揺れを感じていなかったのである。Qさんと両親はしばし唖然としてしまったが、兄は「地震だよっ！　でっけえよっ！　まだ揺れてるっ！」と叫び続けていた。

「違う、違う。大丈夫だよ」

両親が説得したものの、兄は「槍が落ちてきたんだっ！　本当だよっ！」と言い張る。そこで兄が落ち着いてくるのを待って、皆で一緒に兄の部屋へ様子を見に行ってみた。すると、確かに鴨居に掛けられていたはずの槍が落下していた。刃が畳に深々と突き刺さり、黒い柄が直立している。刃はすっかり錆びついているので、ここまで深く刺さるのは奇跡としか思えなかった。父親が引き抜こうとしてもなかなか抜けず、力ずくでやっと引き抜くと、刃がかなり毀《こぼ》れてしまったという。

それも奇妙だったが、もうひとつ、Qさんが目を瞠《みは》ったものがあった。

兄は元々、某女性アイドル歌手が好きで、壁にポスターを貼っていた。それが楽しくて次々にポスターを買い込み、壁のほとんどが塞がってしまうと、今度は天井に貼っていったのである。この頃には既に、天井もポスターで埋め尽くされていた。ここ半年の間、兄は自室に家族を入れようとしなかったので、Qさんはまったく知らなかった。

兄の話によれば、最近、耳元で男たちの雄叫びや激しく打ち合う金属音、断末魔の悲鳴などが頻繁に聞こえてくるようになった。ほかの部屋にいても、家から外出しても、突然聞こえてくることがある。おかげで夜はよく眠れないし、四六時中、精神が休まるときがなくなった。それで不機嫌になっていたのだという。

後日、母親が怪異に詳しい知人にこの話をしたところ、ポスターで天井を塞いだのがよろしくない、と言われたそうで、兄にポスターをすべて剥がさせた。さらに槍は菩提寺に供養を頼んだ。それらが功を奏したようで、異変が起こることはなくなり、兄は以前の真面目で優しい性格に戻った。もっとも、高校は一年間、留年している。

Qさんはその後もWさんをよく自宅に招いた。だが、Wさんは決して二階には上がろうとしなかったそうである。

（注）……室町幕府から関東地方の統治を任されていた大名のこと。

参考文献　『戦国上野国衆事典』久保田順一 著（戎光祥出版）
参考資料　甘楽町ホームページ　甘楽町の歴史をたどる
https://www.town.kanra.lg.jp/kyouiku/bunkazai/news/07.html

倉賀野の忠犬

高崎城址から南西の方角に五キロ余り、現在の高崎市倉賀野町《くらがのまち》を流れる烏川の段丘上に倉賀野城は存在した。この地には鎌倉時代から倉賀野氏が住んでいて、南北朝時代に城を築いた。その規模は東西に八百メートル、南北に四百メートルほどあったという。

戦国時代になると、城主の倉賀野行政《くらがのゆきまさ》は関東管領の上杉憲政に仕えていたが、憲政が北条氏康に惨敗した河越城の戦いで戦死している。行政の孫である倉賀野尚行《くらがのなおゆき》は一時、北条氏に従った。しかし、越後国（現在の新潟県）へ逃げた憲政から、上杉の姓と関東管領の役職を譲り受けた上杉謙信が上野国へ進出してくると、その家臣となる。箕輪城主、長野業政の娘を妻に迎えた倉賀野尚行は、業政とともに上杉軍の将として活躍した。

ところが、長年にわたって倉賀野氏に仕えてきた重臣の裏切りや、岳父である長野業政が病没したことで、倉賀野尚行は新たに侵攻してきた武田信玄に苦戦を強いられるようになる。結局、倉賀野城は箕輪城よりも先に攻め落とされてしまった。尚行は越後国へ逃亡し、その後は上杉氏の重臣、直江兼続《なおえかねつぐ》などに仕えて生き延びたという。

一方、倉賀野氏の重臣にありながら武田氏へ寝返った金井秀景《かないひでかげ》は、新たな倉賀野城主となり、倉賀野秀景と名乗った。まさに乗っ取り行為といえるだろう。

秀景は武田信玄の配下となるが、武田氏が滅びると、織田信長の重臣、滝川一益に仕えて気に入られたらしく、重用されている。一益が北条氏直らと争った神流川の戦いでは、秀景も奮戦したものの、滝川軍は惨敗し、一益は伊勢へ逃がれた。

秀景はその後、少し前まで敵だった北条氏直の配下となったが、豊臣秀吉による小田原征伐によって敗北し、まもなく謎の死を遂げている。同時に倉賀野城も廃城となり、数百年に及ぶ歴史を閉じた。一五九〇年、安土桃山時代のことである。

江戸時代の倉賀野は、烏川を利用した河岸《かし》で江戸との交易が盛んに行われ、中山道と日光例幣使街道が分岐する宿場町としても栄えたが、城が築かれることは二度となかった。

現在、城跡は完全に宅地化され、石碑を除けば、何も残っていない。


そんな倉賀野町の一画で起きたできごとである。三十代の男性Rさんは、二〇二〇年の初夏の晩、午後八時頃に〈エース〉と名づけた白い愛犬を散歩に連れていった。体重が三十キロを超える大型犬だ。Rさんは小型の懐中電灯を手にしていた。

詳しい場所は書かずにおくが、通るとよく背中に電気が走るような感覚を覚える場所がある。そこは住宅地の中を通る裏道で、家々から漏れる灯りはあっても、街灯が少ないせいか、夜の闇が濃厚に感じられる。とはいえ、それ以外のことは何も起きていなかったので、気にしないようにしていた。

その晩もそこを通ろうとすると、突然、上半身全体に悪寒が走り、鳥肌が立つのを自覚した。ビリビリ……と手足が少し痺れる。軽い胸焼けまでしてきた。これまでにはなかったことだ。Rさんとエースのほかには、歩く人の姿はなく、通りかかる車もない。何となく嫌な予感がしてきた。

「止まれ！」

Rさんはエースに命じた。エースは不審に思ったのか、舌を出して荒く息を吐きながら、こちらを振り返る。

Rさんは立ち止まって裏道の先に灯りを向けた。道の両側に続く塀や庭木の間などから、冷たい空気が湧き出してきている気がする。

やがてエースが唸り出した。

暗闇の中に、ぼんやりと人影が浮かび上がってくる。

茶色の着物を着ていた。頸《くび》から上は模糊《もこ》として見えなかったが、胸から下ははっきりした形になってきた。小柄な男のようで、袴を穿き、腰には刀を差している。

（うわっ！　何だ、あの男は!?）

Rさんは立ち竦んだ。息を呑み、思わずエースの手綱を握る手に力が入る。

けれども、すぐさま、ジュワッ……と温めたフライパンに水を落としたときに出るような音を立てて、着物を着た男の姿は消えていった。

Rさんは少し安堵した。エースも唸るのをやめる。

だが、そこからRさんは意外な行動を取り始めた。心の底では、この道を避けるべきだ、と思っていたのだが、どういうわけか、

（ふん。消えたのなら、大丈夫《そう》げだな！）

と、強気になって前進することに決めたのである。

「行け！」

エースを先に行かせる。あとから考えてみると、おそらく悪いモノに引き寄せられていたのかもしれない、という。恐怖を感じていたのに、逆の行動を取ってしまったのだ。

五メートルほど歩を進めたとき、忽然と道の両側から、着物を着て刀を腰に差した男たちが続々と姿を現した。十人はいただろう。

いずれも頸から上がぼやけていて、確認できなかった。

（しまった！　取り囲まれる！）

Rさんは棒立ちになった。前を歩いていたエースも、びくりとして立ち止まる。

次の瞬間、エースが急に身体の向きを反転させたかと思うと、猛烈な勢いで駆け出した。来た道を引き返し始めたのである。

温厚な犬なのだが、大型犬だけに力が強く、Rさんは引っ張られて踵を返した。その勢いで一気に家まで逃げ帰ったそうだ。帰る間も胸焼けがして、悪寒も感じていた。かの裏道から百メートルほど離れるまで、後方から大勢の足音が聞こえてきた。追跡されていたらしい。Rさんは怖気立《おぞけだ》って、振り返ることができなかったという。

七、八分後にはどうにか帰宅できたが、庭の水栓でエースの足を洗ってやっていると、胸焼けがひどくなってきて、吐き気に襲われた。エースを縁側から家に入れてやるなり、Rさん自身は縁側に座り込んでしまう。幸い、何とか嘔吐することなく済んだものの、なかなか立ち上がることができなかった。

「どうしたん？　顔が真っ青よ」

妻が近づいてきて、眉を曇らせる。

Rさんは頭も顔も汗びっしょりになっていた。徐々に胸焼けと悪寒が収まってきたので、先程のできごとを詳しく語ったところ、妻の顔からも血の気が引いていった。

「顔がはっきり見えなかった、って……。その人たち、首がなかったんじゃない？」

妻の言葉に、Rさんは震え上がった。

「エースが引っ張ってくれなかったら、一体、どうなっていただろうな……」

Rさんはエースを抱き寄せて、何度も背中を撫でた。

「エース、おかげで助かったよ」


その後、一ヶ月以上経ってから、Rさんはエースの散歩中に用心しつつ、またあの裏道を通ってみたが、首のない侍たちが現れることはなかった。それきり侍たちと遭遇したことはないという。

（まったく、あのときの俺はどうかしていたな……）

Rさんは今でも思い出すと、冷や汗が出るそうだ。

参考文献
『群馬の古城』山崎　一著（あかぎ出版）
『日本城郭大系　第四巻』児玉幸多、他　監修　平井聖、他　編集（新人物往来社）
『新編　高崎市史　通史編2　中世／資料編4　中世2』高崎市史編さん委員会　編（高崎市）

桐生市、絹の女

　東毛の桐生市は山が多く、市街地からおよそ五キロ北に位置する柄杓山《ひしゃくやま》（標高三六一メートル）の頂上には、南北朝時代から安土桃山時代まで柄杓山城（桐生城）が存在した。戦国時代、城主の桐生助綱《きりゅうすけつな》は周囲の敵対していた勢力を打ち破り、上杉謙信と上杉憲政に従って活躍したが、晩年は一転して北条氏康に近づいた。

　助綱の死後、跡を継いだのは下野国《しもつけのくに》（現在の栃木県）の佐野氏から養子に入った桐生《きりゅう》親綱《ちかつな》である。親綱は実家から連れてきた家来を重用して悪政を行い、養父の代より仕えてきた武将、里見勝広《さとみかつひろ》がそれを諌めると、怒って攻め滅ぼした。そのため城内での人望がなかった。おまけに現太田市の金山城《かなやまじょう》主、由良成繁《ゆらなりしげ》と川の水利権を巡って諍いを起こす。

　相手の由良氏はかなりの曲者であった。旧名を横瀬氏といい、先代の横瀬泰繁《よこせやすしげ》は金山城の筆頭家老にありながら実権を握り、主君の岩松昌純《いわまつまさずみ》を自害に追い込むと、その弟の氏純《うじずみ》を傀儡《くぐつ》の城主に仕立て上げた。横瀬泰繁はまもなく戦死したが、嫡男の成繁は岩松氏純をも自害させ、その子である守純《もりずみ》を追い出して城を完全に乗っ取り、由良姓を名乗った。

　由良成繁の軍が柄杓山城を攻めると、桐生親綱の軍は士気が上がらず、たちまち敗北した。親綱は実家がある現佐野市へ逃げてしまい、国衆としての桐生氏は滅亡する。

こうして柄杓山城も奪取した由良成繁は、金山城を息子に譲って、柄杓山城に隠居した。それからの成繁は城下町を整備し、寺を建立するなど、さまざまな善政を行ったという。ようするに、悪党同士が戦って、駄目な悪党が破れ、強い悪党は勝って善人になったわけである。なお、由良成繁は生き残りを賭けて上杉から北条へと、度々鞍替えを行った。成繁の死後、柄杓山城は由良氏が豊臣秀吉から領地替えを命じられたため、廃城となった。

柄杓山には、昭和に起きた殺人事件とそれに関連した怪談がある。既刊に書いているので、興味をお持ちの方は『群馬百物語　怪談かるた』収録「八十五、夕涼み　にやりと笑う　姫地蔵（一）」と、『上毛鬼談　群魔』収録「姫地蔵の背景」を御参照いただきたい。

さて、桐生は『西の西陣、東の桐生』と呼ばれた、絹織物で栄えた都市である。〈桐生織《きりゅうおり》〉の歴史は古く、伝説では『平安時代にこの地から京の都へ宮仕えに行った若者がいて、宮廷の女官、白滝姫に惚れ込み、妻にして連れて帰った。白滝姫が都で習得した絹織の技術をこの地に伝えたのが起源』とされている。また、桐生の人々は、鎌倉幕府を滅ぼした新田義貞や関ヶ原の戦いに臨む徳川家康に旗絹を献上した、といわれている。

江戸時代には徳川幕府の直轄領となって生産技術も進み、町は大きく発展を遂げた。昭和時代に入り、世界大恐慌で繭の価格が暴落したことや洋装文化の普及などから、斜陽になってゆくのだが、〈桐生織〉の衣類や小物は令和の現在も愛好家に人気があり、生産され続けている。市街地には明治時代以降に建てられたノコギリ屋根の工場や、蔵などの古民家が数多く残されているのも、桐生市の特長だ。

そんな桐生市街地で生まれ育った七十代の男性Oさんが、子供の頃に体験した話である。

一九五〇年代（昭和三十年代）後半、Oさんは十歳前後であった。彼の両親は織物工場で働いていた。自宅は狭いが、明治時代に建てられた古い家だったという。

自宅の仏間は家族の寝室も兼ねていて、壁の上のほうに先祖や親族の写真を収めた額が掛けてあった。その中に一枚、誰なのかわからない女性の写真があったそうだ。年の頃は四十代の半ばくらいで、髪を結い上げて着物を着ている。面長で痩せていて、目が吊り上がり、眼光が鋭い。おそらく戦前の昭和初期か、大正時代辺りに撮影されたものらしい。当然、モノクロ写真である。何となく不気味で嫌だな、とOさんはずっと思っていた。

「あの人、誰なん？」

と、二つ年上の姉に訊いたが、知らないという。

両親や祖父母に訊いたこともあった。しかし、なぜか「あれはね……」と答えようとしたときに限って、来客があったり、鍋の湯が沸騰したり、ほかの用事を思い出したりして、答を得ることができなかった。

ある夜、Oさんが家族とその部屋で寝ていると、真夜中にふと目が覚めた。部屋の中は電灯を消して真っ暗になっていたが、どういうわけか、壁の上にある、誰なのかわからない〈謎の女〉の額だけが光っていた。中の写真がはっきりと見える。

その写真から、両手が突き出してきた。白く光る両腕が、こちらに向かって伸びてくる。両腕の長さは三メートルもあったろうか。Oさんは驚愕して跳ね起きようとしたが、真っ白な両手が布団の中に入ってきたかと思うと、両足に絡みついた。掴んだのではない。沢山の糸が足に巻きついてきた感触があった。

暗闇に目を凝らすと、写真から突き出した長い両腕は、いつしか真っ白な糸の束に変化していた。絹糸だったのかもしれない。それが何百本あるのかわからないが、ほっそりとした女の腕ほどの、二条の束になっていたのである。

Oさんは両親を起こして助けを求めようとしたが、身体を動かすことも、声を出すこともできなくなってしまった。壁の上の額を見ると、いつもは無表情だった女の顔が、にやりと笑みを浮かべている。糸の束はOさんの両足を力強く締めつけてきた。

(お、俺、ど、どうなっちゃうんだんべえ《だろう》か……?)

恐怖で全身に寒気が伝わり、顔から冷や汗が噴き出してくる。

だが、そのまま数分が経過した頃。「ふぁあ、あ」と声がして、父親が布団を捲り、上体を起こした。父親は決まって一夜に何度か、尿意を催して便所へ行くのが常であった。

すると、糸の束はOさんの足から離れて後退を始めた。額の中へ引き込まれてゆく。二条の束がすっかり額に吸い込まれたとき、女の写真が変わった。

蚕の群れになったのだ。額を覆った飛べない蛾たちが、短い翅で羽ばたいている――。

Oさんはようやく「お父さん！」と声を出すことができた。「あ、あれを……」と額を指差したが、次の瞬間、蚕の群れは姿を消した。あとには写真が入った額があるばかりで、既に光ってはいなかった。Oさんは懸命に経緯《いきさつ》を説明したものの、

「夢でも見たんだんべえ」

と、父親は笑って、信じてくれなかった。

その夜、Oさんは二度と眠れず、朝になってから母親や祖父母にも話してみたが、一笑に付された。学校へ行っても憂鬱で堪らず、授業が頭に入ってこない。

（ずっとあの部屋で寝なきゃならねえんきゃあ《のかよ》。嫌だなぁ）

ところが、不思議なことにOさんはその後、〈謎の女〉の写真を見た記憶がない。いつの間にか、額ごとなくなっていたそうである。何年か経ってから、「あの写真、どうした

ん？」と両親や祖父母に訊いたことがある。けれども、

「そんな写真、あったっけ？」

皆、写真の存在自体を知らない、というのだ。このときはなぜか、姉に確認することはしなかった。もっとも、Oさんは以前からあの写真が嫌だったので、なくなって清々していた。それで消えた女の写真のことは、日が経つうちに忘れてしまったのだという。

やがて明治生まれの祖父母が相次いで亡くなり、平成になると大正生まれの父親も亡くなった。この頃にはOさんも姉も結婚して別の家に住んでいたのだが、法事で親族が集まったときにOさんは、ふいと件《くだん》の写真のことを思い出した。「そういやぁさあ……」と切り出してみると、姉はすぐさま、両手を叩いてみせた。

「ああ！　あったいねえ《あったよ》！」

その場にいた叔父叔母や、従兄弟たちの中にも写真のことを覚えている者がいた。

「そうそう！　あの写真、いつの間にか、なくなってたんだいね！　どこ行ったたん？」

「それが、わからないんだよ。俺が子供の時分に、急に消えちゃったんさぁ。……あれって、親族の誰かだいね？　誰だったか、わかる人、いる？」

Oさんはここぞとばかりに、皆に訊いてみた。年老いた母親を除けば、多くの親族が〈謎の女〉の顔や着物姿を思い出していたが、それが誰なのか、わかる者はいなかった。

のちに母親も亡くなると、老朽化が進んだ家を取り壊して、土地を売ることになった。Oさんと姉が荷物の整理をしていたところ、古い棚からアルバムが出てきた。二人が子供だった頃の写真や、両親や祖父母が若かった頃の写真が収められている。

「懐かしいねえ」「みんな若いねえ」と感慨に浸りながらアルバムを捲ってゆくと、〈謎の女〉が写った写真が一枚だけ出てきた。忘れていたはずの古い記憶が甦ってくる。額に掛けられていたものよりも小さいが、同じ構図で胸から上を撮った着物姿の写真であった。

「ああっ！　これは……」

二人は色めき立った。Oさんは薄気味悪さも感じたが、懐かしい気持ちのほうが勝っていた。姉の許可を得て、アルバムごとその写真を現在の自宅へ持ち帰った。

しかし、わずか数日後。アルバムを開いてみると、またもや〈謎の女〉の写真だけがなくなっていた。それきりどこへ行ったのか、見つからないという。

参考文献

『上毛古戦記』山崎　一（あかぎ出版）

『桐生市史　上・中・下・別巻』桐生市史編さん委員会　編（桐生市史刊行委員会）

鬼の家

涼しさや聞けば昔は鬼の家　　正岡子規

戦国時代の上野国は、有力な大名がいなかったことから、甲斐国の武田信玄や相模国（現在の神奈川県）の北条氏康による侵攻を受けていた。現在の藤岡市郊外にあった平井城を拠点とする関東管領、上杉憲政は北条氏康との戦《いくさ》に敗れて越後国へ逃亡し、長尾景虎《ながおかげとら》に助けを求めた。のちの上杉謙信である。

謙信は憲政から、長尾氏にとって主家である上杉の姓と関東管領の任務を譲り受け、関東へ遠征するようになる。謙信にも領地を拡大する野望があったと見る説もあるが、いずれにしても表向きは関東の平和を守るための、義の出陣であった。

この頃、北毛では沼田城主の沼田顕泰《ぬまたあきやす》が、北条氏の配下に加わろうとした息子たちとの内紛から戦に敗れて逃走し、沼田城は北条康元が新たな支配者となっていた。上野国に入った謙信は、沼田城を攻めるため、現在の渋川市赤城町棚下《あかぎまちたなした》と利根郡昭和村の境に当たる利根川左岸近くの険しい崖の上に、長井坂城《ながいざかじょう》という城を築いた。

当然のことながら、その頃は関越自動車道も、対岸を走る国道十七号線も存在しない。代わりに城の敷地を貫く形で交通の要衝である〈沼田街道〉が通っていた。

上杉軍の攻撃を受けた北条康元は沼田城から撤退している。元城主の沼田顕泰は終生、上杉方の武将だったが、息子たちの裏切りがあったためか、謙信に降伏を申し出て和睦したといわれている。その際に謙信と顕泰が会見したのが、この長井坂城だったという。

当時の謙信は厩橋城《まやばしじょう》（のちの前橋城。現在の群馬県庁）を関東出陣における拠点としており、上野国の国衆（大名よりも格下の地侍）たちは一時、彼に従った。だが、謙信の関東出陣が下火になってくると、北条氏康の嫡男である氏政《うじまさ》が長井坂城を奪取している。

そこへ今度は、武田氏の家臣である真田昌幸の軍が碓氷峠を越えて侵攻してきた。それ以来、長井坂城は真田昌幸が城主となったり、再び北条氏が奪還したりしている。七キロ余り北の沼田城を真田氏が支配したことから、北条氏にとっては北限の陣地として、是が非でも押さえておきたかったらしい。城の周辺は屡々《しばしば》、戦場と化したことが推測される。

しかし、豊臣秀吉が北条氏の本拠地である相模国の小田原城を攻め落とし、北条氏が滅亡すると、長井坂城も廃城となった。現在は雑木林と、コンニャクや蕎麦などの畑になっており、城の面影は土塁や濠の跡しか遺《のこ》されていない。

これは城跡ではないが、古戦場だったとされる、渋川市郊外で起きたできごとである。畑ばかりが広がるうら寂しい土地に、一戸建ての家を建てた人がいた。地盤が緩かったのか、基礎工事には地面を五メートルも掘る必要があったという。

掘るうちに土器や住居跡などが出土した。さまざまな時代の遺跡が埋もれていることが明らかになり、戦国時代の遺物もかなり含まれていた。そうなると、工事は中断を余儀なくされ、埋蔵文化財の調査が行われる。家が建つのはだいぶ先のことになった。

その後、長い月日を経て、ようやく家が建ったのだが……。

家の持ち主は、わずか一日住んだだけで引っ越してしまったそうである。

渋川市在住で三十代の男性Mさんは、そんな話を自宅で父親から聞いた。父親は仕事の関係者から、この話を聞いてきたという。

Mさんは怪談が好きなので、

「何で？　何で一日で引っ越しちゃったんさ？」

と、訊ねた。けれども、父親は面倒臭そうに、

「うるせえんだと！　おおか《ひど》うるせえんで、夜、寝れねえんだと！」

と、ぶっきら棒に答えた。

父親は怪談に興味がない上、仕事柄、あまり詳しく話してはいけないようであった。

Mさんは父親の態度から、それ以上の話を聞き出すのは難しいものと判断した。それでも気になったので、数日後の昼間に一人で現地へ様子を見に行くことにした。

すると、畑の真ん中に、ぽつん、と一軒だけ新築の綺麗な家が建っている。

近づいてみると、はたと全身に冷気を感じた。

家主が一日で引っ越してしまったので、窓にはカーテンが掛かっていない。縁側の掃き出し窓から、家の中が丸見えになっている。

そこから中を覗いてみると――。

ドアというドアが倒れていた。

掃き出し窓をはじめとする引き戸の類いは無事だったが、蝶番《ちょうつがい》が取り付けられて開閉するタイプの〈ドア〉は、すべて蝶番が外れて倒れてしまっている。トイレもドアが外れて廊下に倒れかかり、内部の壁や便器が丸見えになっていた。

(どういうことなんだ……?)

Mさんはさらに身を乗り出すと、ガラス窓に顔をくっつけるようにして室内を凝視した。

(うっ……)

思わず、目を剥いて息を呑む。通常、蝶番を外すには、ドライバーでビス《ねじ》を一本ずつ抜き取り、ドアや壁から外してゆくものだが、ドアが物凄い力で引っ張られたようで、金属製の蝶番が真ん中から縦に引きちぎられていた。半分が壁に残されており、残りの半分がドアにくっついているのが見えた。

（こ、これは！　人間には、絶対にできないことだ！　まるで、鬼の仕業じゃないか……）

Mさんが肝を潰したところへ――。

グオオオオオオオッ!!

と、人とも獣ともつかぬ唸り声が家の中から木霊《こだま》した。

同時に、家の奥のほうから白い煙が大量に噴き出してくる。それは激しく渦を巻いてから分裂し、色彩が浮かび上がって、人間らしき姿になっていった。

小柄な男たちが五、六人、黒い陣笠を被り、胴や籠手《こて》、脛当てを身に着けている。手には刀や槍を持っていた。映画やドラマで見たことがある、足軽の装束らしい。

だが、彼らの姿は数秒で崩れ去り、再び煙になると、ひとつに固まって巨大な顔らしき形状に変わった。高さ二メートル、幅一メートル近くはあっただろう。目を見開き、浅黒い肌に、真っ黒な蓬髪《ほうはつ》。人間の男の顔に近いが、耳の近くまで裂けた口を大きく開ける。白い牙と真っ赤な舌が覗いていた。頭に角はなかったが、

（鬼だ！）

Mさんは窓から跳び退《との》き、無我夢中で引き揚げてきた。

その夜、Mさんは自宅で眠っていて、ふと目を覚ました。何やら騒々しい。ガシャ、ガシャ……と、大勢の人間が走り回る音がする。何事かと、驚いて目を開けると――。

昼間に見た鬼の顔が天井近くに浮かんで、こちらを見下ろしていた。まともに視線が合ってしまい、Mさんは堪らず悲鳴を上げてベッドから転げ落ちた。

次の瞬間、鬼の顔が幻のように消えてゆく。

Mさんは、心臓が止まらんばかりに仰天したが、幸い、その後は何事も起きていない、とのことである。

参考文献、参考資料
『戦国上野国衆事典』久保田順一 著（戎光祥出版）
『日本城郭大系　第四巻』児玉幸多、他　監修　平井聖、他　編集（新人物往来社）
現地案内板（群馬県教育委員会、渋川市教育委員会、昭和村教育委員会）

竜宮伝説の滝

沼田市利根町は、前話「鬼の家」にも登場した沼田顕泰の領地に当たる。その息子、沼田景義《ぬまたかげよし》はこの地域にあった追貝村《おっかいむら》出身の女性を母親に持つが、景義は武田氏の配下、真田昌幸の謀略によって殺害され、沼田氏は断絶した。

明治維新後、数多くの小村が合併して、東村《あずまむら》と赤城根村《あかぎねむら》ができる。その二村も一九五六年（昭和三十一年）に合併し、利根郡利根村が誕生したものの、平成の大合併で二〇〇五年に沼田市に吸収されて利根町となった。

これは私、戸神がお世話になっている作家の橋本純先生から伺った話で、利根郡東村が存在していた頃のできごとである。太平洋戦争中、橋本先生の母親Aさんはまだ小学生で、遠い親戚がいる東村に疎開していた。現在の沼田市利根町追貝《おっかい》に当たる。

この集落を流れる片品川《かたしながわ》には、一万年前にできたと考えられ、国の天然記念物に指定されている〈吹割《ふきわれ》の滝〉が存在する。下から〈見上げる滝〉は多いが、ここは川沿いから〈見下ろす滝〉だ。片品川の水量が豊富な時季には、清冽《せいれつ》な水が深さ七メートル、幅三十メートルに及ぶ岩盤の裂け目へ、轟音を立てて落下し、圧倒的な迫力がある。それだけに誤って落ちると脱出が困難で、死亡事故も多い。

さて、この滝壺には竜宮伝説が存在する。海がない群馬県の山村にありながら、滝壺は竜宮へ通じているものと、遠いいにしえから語り継がれてきたのである。

村で祝儀があるときは、多数の膳椀が必要となる。そこで村人が必要な数をしたためた書状を滝へ流す。滝壺に吸い込まれた書状が竜宮へ届けば、神が必要な数の膳椀を用意してくれる。祝儀の前日には、必ず膳椀が滝近くの岩の上に置かれていた。祝儀が終わってから三日以内に御礼を記した書状を添えて、同じ岩の上にすべての膳椀を置いてくるのが習わしであった。いつしか膳椀は消えており、竜宮へ返却されていたらしい。

ところが、あるとき、借りた膳椀を一組返しそびれた人物がいた。それ以来、竜宮の神は幾ら頼み込んでも、膳椀を貸してくれなくなってしまったという。

ただし、この類いの伝説は日本各地に伝わっていることから、格別珍しい話ではない。

戦時中、小学校中学年だったAさんは夏の暑い日に、吹割の滝周辺の片品渓谷で泳ぐのを楽しみにしていた。現在は岩盤に〈進入禁止〉の白線が引かれて、監視員もいるので泳ぐ者はいないが、当時は川で泳ぐのが当たり前の時代である。

その日もAさんは、仲良くなった村の子供たちと何時間も泳いでいた。

「泳ぐのも飽きたね。何かほかの遊びをしない？」

「じゃあ、この近くの御堂へ行ごう。竜宮の御膳と御椀があるから、それで遊ぼうわ」

ということになって、五、六人で中州にある浮島観音堂《うきしまかんのんどう》へ向かった。膳椀一式はすぐに見つかった。見張りがいないのを良いことに、Aさんたちは膳椀をいじくり回し、ままごとをして遊んだという。

Aさんは翌日も片品渓谷へ泳ぎに出かけた。

その夏は日照りで川の水が減っており、危険ではなさそうだったので、〈吹割の滝〉の滝壺に潜って遊んだ。このときAさんが水中で目を開けると、落下する水流と深さからぼやけて見える滝壺の底に、何かがいた。人間らしい姿をしているが、仲間の子供たちではない。もっと大きな、大人の男と思われる真っ黒な人影である。それがこちらに向かって手を伸ばしてきた。Aさんは浮き足立って浮上すると、仲間たちに大声で告げた。

「ねえ！　底のほうに変な人がいるよ！」

ほかの子供たちも怖がって泳ぐのをやめ、急いで下流の浅瀬から地上へ揚がった。

疎開先の家まで逃げ帰って、その晩、親代わりである当主の男性に、

「小父さん、あたし、吹割の滝で変な人を見たんだ。あれ、何かなぁ？」

と、昨日からの一連のできごとを話したところ、

「馬鹿者めっ！　何て罰当たりなことをしたんだゃ！」

当主の男性は急に激しく怒り出したかと思うと、Ａさんを捕まえて、その尻を平手で何度も叩いた。Ａさんは泣いて謝ったものの、許されず、蔵に閉じ込められてしまった。膳椀をいじった罰なのか、危険な滝壺で泳いだ罰なのか、あるいはその両方なのか、叱られた理由がわからなかった上に、蔵の中は真っ暗で怖かった。水を飲むことと便所へ行くことだけは許されたが、すぐにまた蔵へ戻され、一晩中、出してもらえなかったという。

その夜は一睡もできなかった。蔵の中にいると、外を歩く人の足音が聞こえてきた。

（誰かがあたしを見張ってる。戸に鍵が掛かってるから、逃げられっこないんに……）

足音は夜明け近くまでに、何度も聞こえてきたそうだ。

朝になって、ようやく蔵から出してもらえた。この家にはＡさんよりもひとつ年上の娘がいたのだが、彼女は夏風邪を引いて、ここ数日は家で寝ていたのである。その娘が体調が良くなったらしく、起き出してきたので、訊ねてみた。

「昨夜《ゆうべ》は誰があたしを見張ってたん？」

「そんなこと、誰もしてないよ。全員、いつものように寝ていたよ」

娘はきょとんとした顔で答えた。嘘を吐いている表情には見えなかった。

（じゃあ、きっと、滝壺にいた黒い人が追いかけてきたんだ……）

Aさんは竦み上がり、この一件は長いこと、誰にも話さないようにしてきたそうである。

ちなみに、この体験談は参考資料で確認できる情報とは異なっている。かの膳椀は、神罰を受けた人物の子孫に当たる方が、今も大切に保存しているそうだ。昔は一般公開も行っていて、拝観芳名簿への署名が必要であった。大正六年、のちに芥川賞と直木賞を創設することになる、小説家の菊池寛が見学に訪れた記録も残っているらしい。

とはいえ、現在、膳椀は非公開となり、Aさんも既に他界しているため、残念ながら、なぜ戦時中に膳椀が浮島観音堂に置かれていたのか、確かめることはできなかった。

Aさんは息子の橋本純先生が中学生の頃、家族で吹割の滝へ遊びに行った際に、「ハア《もう》、話しても大丈夫だと思うからさぁ」と、この思い出話を語ってくれたのだという。

だが、これが呼び水となったのか、橋本家では奇妙な現象が発生することになる。

橋本先生の実家は前橋市で曾祖父の代から左官屋を経営していて、会社の事務所と家族が暮らす二階建ての自宅が同じ敷地内にあり、繫がっていた。自宅は増築や改築を繰り返した結果、複雑な造りになっていた。

両親の寝室は自宅の最も北側にある。そこから最も南側にあるトイレへ行くには、長い廊下を抜けてから、ドアを開けて通路を兼ねた応接間を横切らないと到達できない。橋本先生の部屋は玄関を改築したもので、両親の部屋の南隣にあった。元は玄関だったためか、ほかの部屋とは違って、掃き出し窓がある。

玄関はトイレの西隣で、ドアの上部には曇りガラスが嵌め込まれていた。事務所へ通じるドアもその西側にあった。応接間の一画にはテーブルとソファーが置かれている。

家族で吹割れの滝を訪れた、その翌日のこと。

母親のAさんは夜明け前に尿意を覚えて、トイレへ向かった。応接間は真っ暗なのだが、急いでいた上に慣れているので夜目が利き、電灯を点けずにそのまま横切ろうとした。

けれども、暗闇の中に何か、自分の身体よりも大きなものがあるのを感じた。咄嗟に身を躱《かわ》すと、腰の辺りが軽くソファーの背にぶつかった。もっとも、痛みは感じなかったし、尿意が我慢できなかったので、慌ててトイレに駆け込んだ。

しばらくして心が落ち着くと、Aさんは個室の中で考えた。

（そういえば、さっき、あたしが避《よ》けたものは何だったたんかねえ？）

そこは通路同然で、何もない空間のはずであった。一体、何を躱《かわ》したのか？　暗くてはっきりとは見えなかったが、長身の人影が立っていた気がする。

（家族の誰かなら、声をかけてくるはずだいね。それなら、あれは……？）

泥棒か、もしくは生きた人間ではない何かか？　Ａさんは怯えてトイレの個室から出られなくなってしまった。夜が明けて、窓から東雲《しののめ》の光が差し込むまで、動くことができなかった。個室から出てみると、誰もいなくて、玄関のドアには鍵が掛かっていたという。

そんな話をＡさんが家族の前で語ってから、数日後。

今度は橋本先生が、夜更けに空腹感を覚えて、廊下の向かいにある台所へ向かった。湯を沸かしてカップラーメンに注ぎ、自室に戻ろうとしたときのこと。玄関のほうから「すみません！」と男の声が聞こえてきた。応接間へ行って電灯を点けると、ドアの外に誰かが立っている。ドアの曇りガラス越しに人影が見えた。

橋本先生は不審に思いながらも、「何か、御用ですか？」と声をかけてみた。

「おかみさんを出して下さい！　今すぐ、おかみさんを呼んで下さい！」

甲高い男の声が響いた。会社で雇っている職人らしい。じきに日付が変わろうという時間帯のことである。母親のＡさんは寝室で眠っているはずであった。

「母はもう寝ていますよ。朝になったら、事務所に出直してきて下さい」

橋本先生は呆れながら答えた。しかし、職人らしき男は何度も同じ言葉を繰り返す。

「帰れっ！」

橋本先生は頭に来て、強い口調で言い放った。それで人影は立ち去ったらしい。

ところが、橋本先生が自室でカップラーメンを食べていると、いきなり部屋のドアが何度も叩かれた。ドアを開けた途端、パジャマ姿に上着を羽織ったAさんが駆け込んできた。

「ちょっと、窓を開けて！　窓から外に出させて！」

青ざめた顔をして、靴を手に持っている。こんな時間にどこへ行くのか、なぜ玄関を使わないのか、橋本先生は怪訝に思ったが、「あとで説明するから！　早くして！」とAさんはひどく慌てていた。その勢いに押されて橋本先生が掃き出し窓を開けると、Aさんは外へ出ていった。

数分後、Aさんは近所に住む男性を連れて戻ってきた。橋本家が経営する会社の社員である。二人は靴を脱いで掃き出し窓から部屋に入ってきて、すぐさま応接間へ向かった。橋本先生が跡を追って様子を見ていると、二人は玄関に向かって、何やら叫んでいた。外に先程の職人らしき男がいるようだ。やがて方《かた》が付いたそうで、二人は橋本先生の部屋に来て事情を説明すると、男性社員は掃き出し窓から外へ出て、帰っていった。

Aさんの話によれば……。

あれから再び同じ男が来て、玄関のドアを叩いていたのだという。Aさんがドアを開けると、会社で雇っていたPという職人であった。

「今日まで働いた分だけ、月給を下さい。どうしても持っていかなきゃならないんです」と、Pは懇願してきた。今は無理だ、と断っても、しつこく同じことを言い続ける。その手には包丁を握っていた。光る白刃に気づいたAさんは、慌てて玄関のドアを閉めた。女一人では説得できる自信がないので、男性社員の助けを呼ぼうと思いつく。

会社の事務所からも外へ出ることはできるのだが、ドアの鍵は二階で寝起きしている祖父母が管理していた。また、父親は当時の社長だったものの、大変な遊び人で、下戸だったにも拘らず、夜ごと酒場での夜遊びに耽っていた。このときも留守だったのである。

加勢に来た男性社員が相当強い口調で説得すると、Pはやっと帰っていったそうだ。

Pは数日前から出社していなかった。橋本家の会社では毎朝、出勤してきた職人を親方たちが適当に割り振って各現場へ向かうことになっていた。人手は足りていて、Pが姿を見せなくても仕事には困らなかったので、誰も気にしていなかったのだという。


その夜から六日後、地元の警察から会社に電話がかかってきた。Pが自宅で縊死しているのが発見された、死亡してから既に七日が経過している、とのことであった。

「借金を抱えて自殺したようで、事件性はないと思われますが、念のための確認です」

電話を受けた事務の女性社員が、あとになってAさんに一部始終を報告した。

「それは、変だいねえ……」

Pが深夜に訪れて恐喝行為に及んだのは、首を吊った日の翌日だったことになる。

当時の職人はいざこざを起こす者が多かったので、両親は警察に知り合いができていた。その中でも捜査一課に気さくな刑事がいて、懇意にしていた。Aさんは刑事に家まで来てもらい、詳細を聞いたそうだが、鑑識が死亡日と判断した日付にまちがいはないことがわかった。Pは三百万円という、当時としては多額の借金をしており、返済のために暴力団が経営していた闇金融から金を借りてしまい、返せずに〈追い込み〉に遭っていたのだ。

結局、橋本先生もAさんも、加勢に来てくれた男性社員も、死亡後のPと会話をしたことになる。三人とも「あれが死んだ人間だとは少しも思わなかった」という。

そしてこの夜、Aさんが帰る刑事を見送ろうとすると、誰が持ち込んだものか、真っ二つに割られた椀が一個分、玄関を出た所の地面に転がっていたそうである。

参考資料
沼田市ホームページ　https://www.city.numata.gunma.jp/
沼田市観光協会　吹割の滝　https://numata-kankou.jp/fukiwarenotaki/index.html
フジパン　民話の部屋『椀貸淵』　https://minwa.fujipan.co.jp/area/gunma_004/

堀内《ほりうち》圭《けい》

昭和四十年代生まれの自分は、幼少の頃より、妖怪、幽霊、怪獣、プロレスなどに夢中で、テレビの中のサブカルチャー番組を、かぶりつく様に観ていたものです。そのまま大人になってしまい、怪談にはまって、十数年が経過。

ある日、「高崎怪談会2」の語り手募集のチラシを妻が見つけて、「そんなに怪談が好きなら、応募してみれば」との一言で応募。そして語り手デビュー。

それが怪談以外のことでも〈群馬の兄貴〉と慕っている、戸神重明先生との運命の出会いでした。その後は様々なチャンスを頂き、今回、共著者としてデビューさせてもらい、感無量です。

吉田《よしだ》知絵美《ちえみ》

一昨年、戸神先生の取材に応じ、自身の体験をお伝えしたのが縁となり、「高崎怪談会」に語り手として参加させて頂いた。四度の機会を頂き、その内容が今作である。

出会いから書籍の上梓まで、まるでシンデレラストーリーのような、胸踊る展開であった。導きの戸神先生に感謝申し上げる。

本年二月、原稿に取り組んでいる最中に父が病で死去した。人生の儚さを痛感し、失ったものの大きさに驚いた。亡骸となった父を乗せて家に戻る車を、追いかけて運転していると、正月七日に少林山達磨寺で引いた凶の籤《くじ》の文言が頭をよぎった。

『損得無しに貴方を支えた人との別れ』

見えない世界はいつだって私の隣に広がっている。

戸神重明《とがみしげあき》

全国的にはさほど知られていない群馬県の歴史ですが、二〇二〇年の秋に吉田知絵美さんと箕輪城でお会いして、お話しするうちに、「群馬県の歴史も熱いぞ！」と面白く思えてきました。それが本書を作ることに決めた動機であり、すべての始まりでした。

今回、私以外の著者は全員、商業書籍デビューの新人です。原稿の書き方から指導を始めて、ようやく一冊にまとめることができました。皆様、お疲れ様でした！　今後も単著のみならず、新人作家の育成や、編共著の書籍を出版できるように努力して参ります。

読者の皆様、出版関係者の皆様、共著者の皆様、どうもありがとうございました！

それでは、魔多の鬼界に！

風の東国にて　北関東の怪物　戸神重明

群馬怪談　怨ノ城

2022年7月6日　初版第一刷発行

編著……戸神重明
共著……江連美幸、撞木、高橋幸良、堀内圭、吉田知絵美
カバーデザイン……橋元浩明（sowhat.Inc）

発行人……後藤明信
発行所……株式会社　竹書房
〒102-0075　東京都千代田区三番町8-1　三番町東急ビル6F
email: info@takeshobo.co.jp
http://www.takeshobo.co.jp
印刷・製本……中央精版印刷株式会社

竹書房
怪談
文庫

★群馬県の怖い話

上毛鬼談 群魔　戸神重明
群馬百物語 怪談かるた　戸神重明
高崎怪談会 東国百鬼譚　戸神重明／編著
怪談標本箱 雨鬼　戸神重明

★その他の戸神重明の本

いきもの怪談 呪鳴　戸神重明
怪談標本箱 毒ノ華　戸神重明
怪談標本箱 生霊ノ左　戸神重明
怪談標本箱 死霊ノ土地　戸神重明

9784801931657

1920193006803

ISBN978-4-8019-3165-7

C0193 ¥680E

定価 本体680円+税

竹書房 怪談 文庫

縄文、古墳時代の遺跡から、鎌倉～江戸期の数々の城跡を有する北
関東の雄、 に纏わる伝奇と実話怪談を集め
たご当地怪 白大蛇の
怪（伊勢崎 岡城の城
址に建つ 詣でた後
に見た斬首 守った幻の
僧侶（前橋 輪城落城
に纏わる怪 末路（渋川
市）、縄文 など収録。